提著菜籃聊憲法

原住民、移工、同婚、流浪犬、區塊鏈……
20件你必須了解的基本人權大小事

台灣制憲基金會辦公室副主任
黃崇祐——著

目錄

Part 2

飲食男女與憲法

Part 5

教育、休閒與憲法

【各界好評】

值此#Me Too大爆發，人權遭受侵害之際，本書詳列作為一個人，不論身分、種族、國籍、性別、性傾向、年齡、身心狀況所應享有的基本人權。不用懷疑，好好典藏、閱讀，它是你的人權憲章，你的護身符。特此推薦。

——尤美女，律師

我始終認為維護人性尊嚴以及保障人權是憲法最重要的功能，很高興看到崇祐的新書《提著菜籃聊憲法》別開生面，以人生大小事為經，憲法所應保障的各種權利為緯，交織出一本深入淺出，貼近日常生活的憲法入門書。

——鄭麗君，青平台基金會董事長

台灣在國家正常化的路上，勢必要思考我們到底想要一個怎麼樣的國家，而一本淺白而深入的《提著菜籃聊憲法》，可以把這個議題帶到飯桌上、鄰里間，讓憲法議題不再遙遠。本書涵蓋了廣泛的議題，也提供了思考更多面向的工具。《提著菜籃聊憲法》是這個時代需要的新思考典範。

——張竹芩，台灣大學公共衛生學院全球衛生學程專案助理教授

作為一本以日常生活為主題，聚焦於工作、婚姻、子女教育、搬家等問題的著作，本書闡明了法律與權利的密切關係，旨在提升讀者對於法治的認識和理解，是一本可以啟發一般讀者法律素養的寶典。我相信，這本書能夠成為社會實踐的有力助手，為現代法治建設做出貢獻。

——平井 新，日本東海大學政治經濟學院助理教授

我大一時，最喜歡的科目是「憲法」，它讓我看到世界之廣、歷史之深、權利之得來不易。遇到好的老師與教材，是我對憲法產生興趣的最大關鍵。如果每一位大學生都能有一本《提著菜籃聊憲法》，相信「憲法」對你而言，也會同樣有啟發性！

——謝佩芬，民主進步黨立法委員候選人（中山、北松山）

本書從新憲法的視野，分析人類基本權利的展現，也讓我們理解基本權利的追求，並不是讓自己成為自私自利的個體，而是建立一套公民與公民間相互支持的台灣社會。讓我們一起期待，台灣憲法時刻到來的那天。

——李坤融，IG知識型創作者

《提著菜籃聊憲法》告訴面臨多重挑戰的台灣國族一個極重要的訊息：一個美好國家的憲法不應該僅體現於凱達格蘭大道，而是光照國境之內每一個大大小小、各形各色的巷仔口，為土地上的所有人民指出未來與希望。

——林謙，臺灣民主永續平台秘書長

《提著菜籃聊憲法》讓「憲法不遠」——在自由島嶼出生的青年世代，難以想像超過半世紀前，在南京通過的憲法如何影響我們如今的生活。本書透過不同議題情境，讓憲法不再難以接近，也才能期待憲法與時俱進，與公民的距離不再遙遠。

——張育萌，臺灣青年民主協會理事長

憲法是人們的北極星，距離遙遠卻又為你我指引方向。憲法、人權如何影響這塊土地上的每個人？「我有我的權利」背後，想知道更多日常生活中的憲法故事，不妨從這本《提著菜籃聊憲法》入手，輕鬆了解人生中的權利關係。

——陳冠甫，青年媒體工作者

現代多數人除了十二年基本教育會研讀《中華民國憲法》外，步出社會後便鮮少踏足憲法領域，進而忽略憲法的真正意義。然而，憲法並非難以理解、距離遙遠的學理概念，相反地，它滲透在生活的每處，大如自由權、小如超商消費，都是憲法涉足之地。本書將深入淺出地帶你了解憲法基本概念，同時也能透過時事探討當今法理議題，提供給對憲法有興趣的讀者更多思考與啟發。

——潘袁詩羽，新聞工作者

【推薦序】

「憲法實在太重要」

林佳和

法儒盧梭（Jean-Jacques Rousseau）在一七六二年，曾於《社會契約論》（*Du contrat social ou principes du droit politique*）中說道：「發明一種組織的形式，藉由它所蘊含的整體共同力量，足以捍衛與保護每個成員的人身與財產，同時，透過這樣的組織，每位成員都能自我發展、不屈從於任何人，像以前一樣的自由自在。這正是最核心的問題，而它的答案就叫作社會契約……」。《社會契約論》，一份筆者認為人類文明史上最重要的文件之一，今天人人朗朗上口的偉大理念，具體的實踐形式，就是憲法。吾人與國家締結契約，契約所採取的組織形式，就是當代所謂的憲法，人民的權利受到保障，得到自由與發展，以及最重要的——不屈從於任何人。

然而，英國大儒霍布斯（Thomas Hobbes），某些人眼中真正的契約論祖師爺，在約莫百年前的一六五一年，於同樣影響深遠的巨著《利維坦》（*Leviathan*）一書中，早早提出沉重警語：「如果某人因為恐懼，害怕船會沉沒，擔心落入幽暗的大海，因而以充分的意志，決定放棄自己想做的事，那麼，這當然是自由……如果我跟敵人講好，我付他保護費，幫他做牛做馬，只要他答應不傷害我，那麼必須說，這樣的約定當然有遵守的義務。」有趣的是，這個無疑作為當代主權國家核心特徵之一的「國家壟斷物理暴力」（由社會學家韋伯〔Max Weber〕提出），甚至是道德哲學家康德（Immanuel Kant）筆下的「人民在國家法下沒有抵抗權、這是典型的哲學悖論」所描述的，是同樣作為國家統治下之臣屬人民。在「國家—憲法」這層法規範意涵中的矛盾性：權利不會沒有限制，義務往往相隨，為了保護他人權利，某些人的權利必須受到節制，公共利益（bonum commune）的必要性，也會帶來權利的限制與義務的延展。這些，充斥著衝突與齟齬，始終才是憲法的實況。

年輕又傑出、懷抱公共關懷精神的崇祐，書寫的這本《提著菜籃聊憲法》，可分為五大段落，從自我發展、飲食男女、生活品味、居住與遷移、教育與休閒等主題出發，針對憲法所觸及的各個面向，以極為有趣的畫分和理解方式為讀者帶來驚喜。相當程度上，有別於傳統、古典的憲法權利描繪，特別是那種典型的基本權清單陳列，甚至有意跳過不少常排列在教科書前端的「帝王權利」（如人身自由）。個人猜想，崇祐強烈意圖下的生活化記述，展現的應該是他的終極關懷：憲法權利不該停留於規範文本，不是那種距離遙遠的天馬行空、知識雲端，而是發生在你我的周遭、生活世界的每個角落。本書中，收錄不少台灣當今現實的貼近，例如#Me Too運動，不僅令人會心一動，也讚嘆：原來在作者的眼中，台灣時空，無一不憲法啊。

這並不代表崇祐的《提著菜籃聊憲法》，只能碰觸到浮面的憲法「權利口號」，略道一二便罷。與之相反，幾乎在大部分的段落中，作者都不厭其煩、也忠於其身為高中與社區大學公民教師專業過往地，清楚而冷靜地介紹著這些議題到底涉及到的是什麼權利。本書的篇幅不算長，卻探討擴及至少二十三種類型的權利，令人目不暇給，其中「自我發展」底下的篇目包含了原住民族權、女性權、兒童權、十八歲公民權；「飲食男女」包含了健康權、勞動權、社會安全權、平等權、自由權、婚姻與家庭權；「生活品味」包含了人格權、個人資訊自決權、表現自由、文化權；「居住與遷移」包含了國籍、人身自由、住房權、公民權、移工權；「教育與休閒」則包含了環境權、體育與運動、新聞自由、動物保護議題等。整本書彷彿憲法權利之搜尋引擎，能讓讀者從清晰的標題中，輕易地找到感興趣的權利類型；每一篇章先由一段使人興致昂然的「政治社會現實」鋪陳，再透過一些法律外的深刻引介，來告訴讀者「權利是什麼」。而其中經常不缺的權利定義與描述，更是令人咋舌，精準度絲毫不差。

這些權利的臚列自然不能完整說明當代所謂基本權秩序，其囊括範圍絕對不僅於此。這不會只是崇祐意念下的學究之作，而是「從周遭生活學習憲法權利」「從憲法權利觀察周遭生活」具應用性、更貼近你我的生活化書寫。個人似乎可以理解，為何本書要叫做《提著菜籃聊憲法》——在日本人口中的台灣LV「茄芷袋」內，我們何不裝些攸關生活大小事的憲法權利概念回家呢？讓我們在生活中、居家裡，跟著家人、伴隨朋友，一同與此書認識與實踐，體驗書中輕鬆而不失深度，切身又兼具學理的法學世界。

當然，不得不說，有些「權利」，崇祐的處理比較耐人尋味，例如收錄於〈教育、休閒與憲法〉部分的篇目〈二〇五六奧運在台北〉。這裡其實著墨的憲法軌跡並不清楚，似乎只是點到一二，反而跑出某些立基於台灣國家光榮的「競技領域上的未來場景期待」，乍看之下令人不解。或許，作者的「聊憲法」，不僅於此，毋寧是「聊國家願景」，聊那個崇祐眼中、一個應該以憲法支撐與奠基的光榮國家，就此，好像也不突兀了——台灣，斯土斯民，太需要一個光榮的國度，如同需要一正常而完整的憲法秩序一般。

崇祐的《提著菜籃聊憲法》，事實上較貼近盧梭社會契約、如「權利論」所描繪的那種美好，軍容壯盛的排列；換個角度來看，似乎較少觸及霍布斯那個冷峻殘酷的「國家現實」：在如此的國家性下，人民尋求的「利維坦」——《希伯來聖經》中的海怪，要建立主權體，人民不僅要授予權利、還要放棄管理自己的權利。憲法權利來自於對抗國家，歷史進展驚人，但不代表今日已無此懸念，事實上，複雜的面貌與形式更加惱人。衝突永遠都在，緊張關係從未消失，或許，這才是真正的「憲法（權利）難題」。私心以為，崇祐精彩的《提著菜籃聊憲法》有些可惜，沒有在這個面向上有更多地著墨，這當然不構成本書的瑕疵，只是本人些許一廂情願。有時候，憲法未必那麼美好或有用，至少對每個具體事件的當事人而言，但它仍然是面對無可避免之衝突，也是在美國最高法院大法官霍姆斯（Oliver Wendell Holmes, Jr.）「要追求和諧，請到墳場去」的反證下，整個社會所需要的共識秩序。如果漢娜·鄂蘭（Hannah Arendt）說的「政治的本質與目的就是自由」為真，那麼，沒

有憲法作為一個規範與組織形式，通往自由的政治將萬不可得。崇祐的微言大義，應該可以同意我說的。

歐洲政治哲學家范奧因（Robert Christian van Ooyen）曾說過：「憲法實在太重要，千萬別交給那些國家神學論者」。精確地認識憲法權利，像本書所提供的如此，才是學習與實踐憲法最好的開始。由於「憲法實在太重要」，在此我們對於它的認識，也可以先交給崇祐的這本《提著菜籃聊憲法》！

（本文作者為國立政治大學法學院副教授。）

【推薦序】

囝仔十六大禮晟，台灣未來鬥陣行

楊斯棓

本文標題引用自府城名人蔡奇蘭作品〈府城之歌〉中歌詞：「囝仔十六大禮晟，居住台南蓋好命」，遙相呼應本書作者黃崇祐筆下：「府城台南習俗，孩子長大滿十六歲成人，工作可以領全薪。台南至今保有三百年來七娘媽生『做十六歲』傳統禮俗。」

崇祐與我自年輕時相識，我們在不同的「戰鬥位置」但內心深處的頻率共振，懷抱一個簡單的共同目標：a better TAIWAN。他出書邀我作序，是我榮幸，也見證這段長年友誼。

寫台灣，予全世界看！

二〇〇八年四月二十六日，彼時崇祐擔任第三屆台灣大學國會研習社社長，邀請我到徐州路上的台大法學院，跟聽眾分享青年人的理想與熱情，如何用一支筆「寫歸台灣，予全世界看」。受邀的原因是演講日往前推七年間，我評論時政的文章於各大報已達數百篇。這場分享會，崇祐請我分享投稿要領，以及如何藉由論述領航社會。當時我請教他，前一場的演講者是誰，有幾位聽眾？前一場講者是政大的李教授，該場次有二十來位聽眾，出席率相當不錯。我受邀演講的教室有五十個座位，答應演講後的第一個目標就是要讓講堂坐滿，若然，至少與會者記得：「參與了一場『人坐滇滇』（閩南語「人坐滿滿」）的講座。」

當時臉書未興，無從動員，我研擬一份五十人名單後，親製邀卡，由於我選用較硬的紙張印製，還弄壞了一台印表機。將邀卡郵寄給友人或景仰的社會賢達，想說至少有泰半會捧場，另一半座位靠著主辦單位宣傳，可望滿座。兩位大學同學列席，一位是直腸外科鍾醫師，她先生也到場；另一位是心臟外科林醫師，他留德的父親也參與。VOX ENGLISH 開竅新書系列的作者、出身嘉義溪口鄉的陳源發老師也出席，我們近年仍有書信往來。媒體界的大前輩盧世祥老師也赫然在列，楊維哲教授、簡志忠社長雖不克出席，但我接到了他們的鼓勵電話跟回信。當天教室如願滿座，會後舍妹把演講實況DVD送給台大醫學院的教授謝松蒼醫師，也得到謝醫師的盛讚。演講十二年後，圓神出版集團旗下的先覺出版社幫我出版了《人生路引》，迄今紙本跟電子合計近三十刷，簡社長也成了我的忘年之交。

這是一個我和崇祐生命中有交集的故事，後來綿延成好幾段佳話，我以親身經驗告訴讀者，他高聲倡議要給年輕人更多機會，甚至訴諸憲法，探討、保障年輕人更多權利，是非常有意義的。

新世代，成長霹靂快！

去年缺席投票或否定十八歲公民權的人，多抱持一種論調：「那麼小，懂什麼？」年齡歧視，不言可喻。

抱持這種論調的人，多用自身經驗，或自身可觸及的經驗去想像十八歲的模樣，他們無法理解，下個世代的人，（平均來說）成長有多快。我舉一個切身例子，以我跟外甥女來說，我的父母跟她的父母收入級距大約在同一級。我國一時，翻閱《大家說英語》輕鬆愉快，高一時可以啃讀《空中英語教室》，但我外甥女國一的時候，《大家說英語》對她來說已經過於簡單，她直接從《空中英語教室》讀起。而她在同儕中並非特例，中部五縣市程度相仿者，少說兩千人，放眼台灣約莫一、兩萬人皆如此，當年出生人口十六萬，如此占比已一成。其他學生就算無法在國一閱讀《空中英語教室》，英文程度也是大幅領先十年前、二十年前、三十年前的國一生。

走筆當下，正好讀到好友安欣瑜醫師在粉專上分享「沒有補習的我，國中才開始接觸英文。女兒不僅小學開始有英文課，且大量接觸外師。重點是，最近她的課本上居然開始出現我不認得的單字。立馬報名了網路英文家教課程，這才發現，現在的學習資源好多啊！」英文越好的世代，就越不會害怕學習使用chat GPT、notion AI、new Bing。出版過多本作品，亦經營書店的林韋地醫師說：「英文真正重要的價值在於，只有掌握英文，才能比較容易吸收自由主義和現代性相關的資訊，才能進一步了解西方。」

懂協作，機會不錯過！

崇祐大作中亦提到世界逐步邁向機器人時代，以及全民基本工資的問題。關於機器人取代人類工作，過去有些人認為：「勞力密集的工作才容易被取代，工作調性若屬『低勞力、高腦力』就不容易被取代。」但機器人的應用越來越廣，不只可以取代勞力密集的工作，就算是腦力密集的工作，只要工作性質有規則可循、有步驟可依，機器人就可望勝任。

電子商務巨頭亞馬遜的物流中心，已有五十多萬機器人執行進貨、入庫、撿貨、整理包裹等各種作業。日商湯山生產的，專精藥物分裝的包藥機（可視為包藥機器人），在日本、台灣等國的醫療院所越來越常見。舉例來說，若某個院所早、午、晚班共需要四個藥師，如今請四個藥師相較請兩個藥師加上一台包藥機來說，可能發揮的「效能」相仿，但是「兩個藥師、一台包藥機」這個組合對業主來說較省成本，甚至更有效率，也是未來趨勢。

也許有人堅定的相信「包藥機取代了藥師的工作」（盧德主義[1]者豈不是半夜要去破壞包藥機？），但更精準的描述應該是「懂得善用包藥機的人」會淘汰掉「排斥、不懂善用包藥機的人」。年紀越大，越抗拒學習新知，拒絕接納新技術似乎是許多中、老年人的慣性使然，試問這樣的中、老年人若不敞開心胸，賦予年輕人更多權利，誰要陪他們面對未來種種挑戰？

能持續跟年輕世代對話的政治人物，將是政壇常青樹！

曾有政治人物在從政低谷時問我，他可以為社會做些什麼？我鼓勵他深入大學校園演講，他的持論是大一、大二沒票，大三、大四沒空聽演講，所以他不願深入校園。這種拒絕吸收新世代心聲，或者說沒膽識、不願將自己觀點大方呈現給新世代的政治人物，後來在選舉場上是常勝還是常敗，可想而知。

台灣有個小縣，上次縣長選舉前，不同政黨的候選人都來到同一間大學演講，演講後都有問答時間，一位談笑風生，一位失控怒斥學生。當下我判斷有能耐、有能力跟大學生對話的參選人才會贏，果不其然。

1 編按：盧德主義者（Luddite），是十九世紀英國民間對抗工業革命、反對紡織工業化的社會運動者。因為工業革命機器大量取代人力勞作，常發生毀壞紡織機的事件。

誠如崇祐書中所言：「一九四六年，捷克斯洛伐克獨步全球實施十八歲公民權」「奧地利、蘇格蘭、古巴、尼加拉瓜、巴西、阿根廷等國，甚至開放至十六歲」。二〇二二年十一月二十一日，紐西蘭最高法院裁定：禁止十六歲、十七歲人民的投票，形同年齡歧視投票，侵害年輕人人權。紐西蘭總理阿爾登（Jacinda Ardern）表示政府將立法下修投票年齡，再交由國會表決。

追求世代共好，就是要讓更年輕的人（十六到二十歲）可以參與投票，一起改變台灣的未來！我們把權力交給更年輕的人，是讓有能力的他們扛下責任，跟我們一起面對所有挑戰！

擋謠言，我們是民主城堡的磚瓦地墊！

最後，針對崇祐撰寫的〈有圖沒真相〉篇章，我想起了《真確》

（*Factfulness*）這本書。這本書提醒了我們，謠言跟真相總是在較勁，錯誤的世界觀跟正確的世界觀也不斷在對撞。

「拯救窮苦小孩只會讓人口繼續增加」，其實是錯誤的世界觀。正確的世界觀是：唯一經證實能有效抑制人口增加的方法就是消除赤貧，給民眾更好的生活。

「世界正變得更糟」，也是錯誤的世界觀。正確的世界觀是：孟加拉從一九七二年到當前，生育數從七個降到兩個，兒童存活率從八〇%上升到九七%，孟加拉從悲慘走向安樂。

我們得訓練自己具備核實、思辨的能力，不時省思自己陷入哪種思考謬誤。我們就是民主城堡的磚瓦地墊，只有當我們本身就是銅牆鐵壁，國家在種種困厄下才可望尚存一息！

（本文作者為醫師、《人生路引》作者。）

【前言】

權利的起點，生活的保障

人類頭腦發達，卻心念複雜，有時利益他人，有時侵擾他人。自古以來，生存與生活就不是一件容易的事，人們為了自保，避免被他人侵擾，採取以立下契約印記，相互約定保障每個人自身權利。

從小到大，我們經歷各種訂立契約經驗，不僅群體生活中，家裡有家規、班級有班規、學校有校規，每個人辦門號、開帳戶、租房子、進職場、買股票、辦信用卡等，都一定要簽署契約。

在同一塊土地上的人們組成國家，更需要訂立契約，這份銘刻文字的大型契約就是《憲法》，彼此說好基本權利、國家組成、政府體制等想像。「憲法天使」始終在人們耳際縈繞的話語：人權、人權、人權。憲法，最在乎的事情就是保障眾人基本權利。這份契約向每個人承諾，不分性別、種族、階級、年齡、宗教、職業、黨派等，都享有珍貴的生命、身體、自由、財產、工作等寶貴基本權利。基本權利就像閃耀的蒼穹繁星，看得見的很多，看不見的更多。

人類憲法演進史就是一部基本權利爭取與拓展血淚史，從一二一五年英國的《大憲章》（*Magna Carta*）起始，到一六二八年的《權利請願書》（*Petition of Right*）、一六四九年的《人民協定》（*An Agreement of the People*），再到一六七九年的《人身保護令》（*Habeas Corpus*）、一六八九年的《權利法案》（*The Bill of Rights*），英國漸次擺脫黑暗恐懼，迎來光明想望。一九四八年的《世界人權宣言》（*Universal Declaration of Human Rights*）、一九六六年的《公民與政治權利國際公約》（*International Covenant on Civil and Political Rights*）與《經濟社會文化權利國際公約》（*International Covenant on*

Economic, Social and Cultural Rights），更形成國際性人權憲章。在漫長八百年中，人們努力讓圍困基本權利的高牆裂解、動搖、傾斜與倒塌，奪回基本權利，限制政府權力，更賦予政府責任，解決人民生活問題。

每個人的基本權利都是上蒼賦予、與生俱來、不證自明的，不是任何人或政府所施捨恩惠。《憲法》照亮在暗處的基本人權，一字一句刻入《憲法》，相約成為立國信條，一步一步拓展，鋪設通往理想未來的康莊大道。《憲法》在我們生命中占有重要位置，關乎土地上每一顆跳動的心、每一個家庭。從搖籃到墳墓，生活問題等都可以回溯到憲法聖典，尋求生機與希望的泉源。家中客廳、街道巷弄、校園教室、辦公大樓、咖啡書店、機場航廈，我們每一天的呼吸、睡眠與生活，都與憲法相關。

如果鄰居以防盜為由在自家門口安裝監視器，卻造成我們每日進出受到窺視，如此恐怕侵害隱私權。如果出門在外遭到警察臨檢、逮捕與拘禁，卻沒有依照正當法律程序，如此便是侵犯人身自由。如果外送員穿梭大街小巷搏命搶單，卻賺不到法定基本時薪，如此有違勞動權保障。如果戶政事務所婉拒跨國同性伴侶登記結婚，卻使親密愛人成為法律上的陌生人，如此可不是婚姻與家庭權本意。如果台北房屋淪為投資者炒作商品，卻讓拚命努力的年輕人望屋興嘆，如此並不符適足住房權趨勢。

《憲法》是國家發展關鍵指標，凝聚全民共同的盼望，使政府運作必須反映基本權利思維。政府肩負《憲法》使命，但當它走偏而變得野蠻頑固時，《憲法》便會成為人民抗衡絕佳利器。人權黯淡無光的時代，人們寄望翻新《憲法》，脫離禁錮長夜，迎來希望之光。一個國家文明進步程度，更可以從政府如何回應《憲法》，友善對待族群、文化、環境與動物來衡量。

全新的道路已在眼前展開，當我們提著菜籃走在這條人權大道上，沿途會看見一幕幕發生在我們生活周遭的故事。每一則故事都攸關我們生命、身體、自由、財產與工作等基本權利，路程中還會揀選國際人權憲章、外國憲政經驗。讓我們烹調精心挑選的食材，端出一道道《憲法》全席大餐吧！

PART 1

自我發展與憲法

【1】快樂山，快樂嗎？

【2】性別平權，不能再等待

【3】我是兒童，兒童有權！

【4】公民權，十八限？

【1】快樂山，快樂嗎？

台灣政府應放棄福利殖民主義心態，與原住民族協商回復傳統領域的可行模式，重新凝聚原住民族意識，從部落自治擴展至民族自治，找回族人與土地共生關係。

乞丐趕廟公

台灣原住民族隸屬於南島語族，約七千年前在海岸與川流聚落生活，形成大坌坑文化，日後向內陸擴展至平原、山丘，建立聚落。原住民族擁有自然主權，傳承千年山林生活智慧，無論是農作、狩獵或漁撈，重視海洋調節、資源節制、生態平衡與環境永續。原住民族伐木會取樹頂枯枝，保護生木以滋養山林。太魯閣族強調狩獵前禁欲守心，分區輪流進獵、設禁獵區；卑南族不獵幼小動物；布農族分季獵熊；阿美族禁獵黑熊與雲豹；達悟族分季、適量捕撈飛魚；排灣族摘取山藥回填頭部土壤。

十七世紀大航海時代，荷蘭、西班牙上岸後，荷蘭與部分歸順村社訂定《痲豆條約》《瑯嶠條約》，確立主權移轉、權利保障、權力界定等事項，原住民族既有生活型態開始產生變化。十九世紀上半葉，平埔族群大舉遷移至蘭陽平原與花東縱谷等地，清國開山撫番政策，壓縮原住民族生活空間。台灣另有五分之三的領域未受清國統治，維持自治型態，表現在一八六七年「羅發號事件」美國與排灣族瑯嶠十八社議和；一八七四年「牡丹社事件」日本與排灣族牡丹社及高士佛社征戰再議和；一八七〇年代大龜文酋邦仍統治二十三個排灣族部落與部分漢人村莊。

日本統治時期，主權征伐、理蕃政策，到國民政府乞丐趕廟公侵占傳統領域，設置山地鄉與村，再以「生活改進運動」與「山地平地化」等政策，大幅瓦解原住民族語言、飲食、服裝、居住、生活與風俗。原住民族被全面編入國家體制，衝擊既有政治、經濟、社會與文化結構。輔仁大學法律系教授吳豪人形容，原住民族在日本統治時期被視為「飛禽走獸」，國民政府時期又徒被升格為「炎黃子孫」與「民國國民」，身分任擺布，做自己好難。

原住民族採集、耕作與狩獵傳統慣習，在使用工具、耕作領域與採獵對象等行為，早期經常與《礦業法》《森林法》《水利法》《國家公園法》《文化資產保存法》《槍砲彈藥刀械管制條例》《野生動物保育法》《土石採取法》《溫泉法》等法律相衝突——

- 二〇〇三年，逮捕為保護自然資源扣留外人盜採之蜂蜜的鄒族達邦社頭目 Avai e Peongsi（汪傳發）父子。
- 二〇〇五年，逮捕為造景司馬庫斯部落運回風倒櫸木的三位泰雅族人。
- 二〇一三年，逮捕為孝敬母親入山狩獵的布農族人 Talum Suqluman

（王光祿）。

- 二〇一六年，逮捕為修繕房舍入山採集岩石的多位太魯閣族人。

國家法制，反成為扼殺原住民族生存權與文化權的幫凶。

憲法邊緣人

原住民族權可分成生存權與平等權兩大基石，戰後衍伸出土地權、自決權、自治權、參政權、認同權、文化權、健康權、教育權、勞動權、資訊權、發展權與補償權等漸趨明確之權利譜系。

一九六五年《消除一切形式種族歧視國際公約》（*International Convention on the Elimenation of All Forms of Racial Discrimination*）誓言採取一切必要措施迅速消除一切種族歧視形式及現象。一九六六年《公民與政治權利國際公約》與《經濟社會文化權利國際公約》共同揭示「所有民族均享有自決權，根據此種權利，自由決定其政治地位並自由從事其經濟、社會與文化之發展」「所有民族得為本身之目的，自由處置其天然財富及資源，但不得妨害因基於互惠原則之國際經濟合作及因國際法而生之任何義務。無論在何種情形下，民族之生計，不容剝奪」「……促進自決權之實現，並尊重此種權利」。

《公民與政治權利國際公約》提及「……無分種族、膚色、性別、語言、宗教、政見或其他主張民族本源或社會階級、財產、出生或其他身分等等，一律享受本公約所確認之權利」「人人在法律上一律平等，且應受法律平等保護，無所歧視。在此方面，法律應禁止任何歧視，並保證人人享受平等而有效之保護，以防因種族、膚色、性別、語言、宗教、政見或其他主張、民族本源或社會階級、財產、出生或其他身分而生之歧視」「凡有種族、宗教或語言少數團體之國家，屬於此類少數團體之人，與團體中其他分子共同享受其固有文化、信奉躬行其固有宗教或使用其固有語言之權利，不得剝奪之。」

一九八九年國際勞工組織《第一六九號：原住民與部落居民公約》（*Indigenous and Tribal Peoples Convention*），在一般政策與土地方面，強調各國政府直接建立與原住民族的諮商機構及程序，承認與保護原住民族之社會、文化、精神、宗教的價值觀及習慣。各國政府應尊重原住民族與其土地或屬地關係，承認原住民族對其歷代所占有土地之所有權，訂定適當法律程序，解決原住民族對土地權利的要求。

二〇〇七年《聯合國原住民族權利宣言》（*United Nations Declaration on the Reghts of Indigenous Peoples*），希望建立各國原住民族維護尊嚴、爭取生存、謀求幸福的樓地板標準，其中包含生存權、平等權、土地權、自決權、自治權、參政權、文化權、健康權、教育權、勞動權、資訊權、發展權與補償權等。關於以上權利，詳細說明如下：

▼生存權：原住民族不應遭受任何種族滅絕等侵害，不應被強行遷離其領地，包含強行遷離兒童，有權從事、振興文化傳統與習俗。原住民族與原住民個人，有權享有不被強行同化或文化被破壞，有權依照民族傳統與習俗，隸屬該民族。

▼平等權：原住民族有權在行使權利時，免受任何形式的歧視，尤其是行使基於原住民族出身或認同的權利。

▼土地權：原住民族有權維持與強化其與傳統上擁有、占有、使用的土地、領域、水域、海域及其他資源間獨特精神關係，維護事務上對後代之責任。原住民族有權保育與保護環境及其土地、領域與資源的生產力。國家應採取有效措施，確保未事先獲得原住民族自由意志與知情同意前，不得在其土地與領域上存放或棄置危險物質，進行軍事活動。

▼自決權：原住民族可自由決定政治地位，追求經濟、社會與文化發展。

▼**自治權**：原住民族享有內政、財政自治權，保有充分參與國家政治、經濟、社會與文化生活權利。

▼**參政權**：原住民族有權依照自己程序選任代表，參與影響其權利之事務的決策過程，有權維持與發展原住民族決策機構。

▼**文化權**：原住民族有權展示、從事、發展與傳授精神、宗教傳統、習俗與禮儀，有權振興、使用、發展與傳授後代歷史、語言、口述傳統、哲學、書寫方式與文學作品，有權命名與保留族名、地名及人名。

▼**健康權**：原住民族有權使用其傳統醫藥與維持醫療方法，包含保存重要藥用植物、動物與礦物。原住民族個人有權免受歧視享有所有社會與醫療服務。

▼**教育權**：原住民族有權建立、管理所屬教育制度與機構，採用適合自己文化教學與學習方式。原住民族個人，特別是兒童，有權免受歧視享有各階段與形式國家教育。

▼勞動權：原住民族與原住民個人，享有適用全部國際與國內勞工權利，原住民個人享有勞動條件，尤其是就業與薪資免受歧視權利。

▼資訊權：原住民族有權維護文化、傳統、歷史、期望的尊嚴與多元性，適當體現在教育與公共資訊上。原住民族有權建立所屬語言媒體，免受歧視使用所有形式非原住民媒體。

▼發展權：原住民族有權維持與發展其政治、經濟與社會制度，確保享有維生與發展方式，自由從事傳統等經濟活動。原住民族享有免受歧視下，改善教育、就業、職業訓練與在職訓練、住房、衛生、醫療及社會安全等經濟與社會條件權利。

▼補償權：原住民族傳統上擁有、占有或使用的土地、領域與資源，未事先獲得原住民族自由意志與知情同意下，而被徵收、奪取、占有、使用或破壞，有權獲得補償，其方式為回復原狀，或無法回復原狀時，獲得公正、公平與合理的賠償。

圖1.1 台灣民主轉型時期，燃起一波接一波的台灣原住民族運動，其中包括還我土地、正名、還我姓氏、反核廢料、反剝削雛妓、反瑪家水庫、還我母語、自治、設立中央專責機構、權利入憲等。

原住民族在台灣現行《憲法》本文中幾乎是邊緣人，無論是「中華民國各民族一律平等」「內地生活習慣特殊之國民代表名額及選舉，其辦法以法律定之」，或是「國家對於邊疆地區各民族之地位，應予以合法之保障，並於其地方自治事業，特別予以扶植」「國家對於邊疆地區各民族之教育、文化、交通、水利、衛生及其他經濟、社會事業，應積極舉辦，並扶助其發展，對於土地使用，應依其氣候、土壤性質，及人民生活習慣之所宜，予以保障及發展」等，指涉對象都未含括原住民族，直到增修條文才稍被正視。

台灣現行《憲法》增修條文規定，立法委員自第七屆起，平地原住民與山地原住民各三人。「基本國策」篇章，強調「國家肯定多元文化，並積極維護發展原住民族語言及文化」「國家應依民族意願，保障原住民族之地位及政治參與，並對其教育文化、交通水利、衛生醫療、經濟土地及社會福利事業予以保障扶助並促其發展，其辦法另以法律定之……」。

族人與土地共生

原住民族土地權具有樞紐地位，自決權、自治權與參政權行使範圍理當在傳統領域上，進而保障認同權、文化權、健康權、教育權、勞動權、資訊權與發展權等，實現生存權與平等權。

然而，政府經常在原住民族生活領域上動手腳，一九七三年出租太魯閣族土地蓋亞泥花蓮廠；一九八二年在未徵得達悟族人同意下開始將低階核廢料送至蘭嶼貯存場；一九八〇年代計畫在魯凱族與排灣族世居地的隘寮溪興建瑪家水庫；一九八五年於布農族傳統領域畫設玉山國家公園；二〇〇二年起在泰雅族傳統領域規畫建造比麟水庫與高台水庫；二〇〇三年在阿美族與卑南族傳統領域杉原海灣規畫美麗灣渡假村飯店BOT案；二〇〇五年啟動評估在泰雅族、太魯閣族傳統領域南澳與秀林存置高階核廢料；二〇〇八年開放港資在邵族傳統領域開發四星級日月潭向山觀光旅館BOT案；二〇一四年起訴都會移民至瑞芳超過五十年的阿美族快樂山部落。

台灣民主轉型時期，燃起台灣原住民族運動，還我土地、正名、還我姓氏、反核廢料、反剝削雛妓、反瑪家水庫、還我母語、自治、設立中央專責機構、權利入憲等運動一波接一波。原住民族進而在《憲法》層次取得設置國會代表、政府機關等制度，保障教育文化與社會福利等權利，且在法律層次催出《原住民族基本法》。《原住民族基本法》只是一個框架性母法，有賴配套子法規範才能有效落實原住民族權利保障，其中最緊要的土地、海域與自治等立法工程至今依舊原地踏步。原住民族獲得參政權、認同權、文化權與教育權，土地權由於牽涉公有與私有財產權重新再分配，既得利益者不願放手，政府僅略施增畫編原住民保留地，不願擴大放行傳統領域。

從四百年前荷蘭登岸開始，西拉雅族等面對輪番殖民統治，無論是否被承認，依舊奮勇守護自己的部落、認同、母語與祭典。一九六〇年代起，許多阿美族人前往北台灣都會展開漁業、礦業等新生活，開墾與原鄉環境相仿的瑞芳山丘，懷著快樂的心情建造簡易屋舍，維繫採集、集居等傳統文化，形成「快樂山部落」。二〇一四年，「快樂山部落」卻遭檢舉竊占國土，面臨司法訴訟哀歌。快樂山，還快樂嗎？

台灣政府應放棄福利殖民主義心態，與原住民族協商回復傳統領域的可行模式，重新凝聚原住民族意識，從部落自治擴展至民族自治，找回族人與土地共生關係。

【2】性別平權，不能再等待

消除女性歧視與保障人身安全是國際人權公約高度關切的權利，也是台灣必須大刀闊斧改革的迫切問題。政府有責任消除與制裁對女性的一切歧視，當女性遭受人身安全危害，應提供適當緊急庇護或相關協助。

成為自己的翁文方

二〇二三年收視長紅的 Netflix 政治職人劇《人選之人—造浪者》，題材選取自政黨幕僚選戰日常，以女性視角刻畫職場人際、婚姻關係、親子互動經驗，反映出女性在職場所面對的性騷擾與性暴力、雙薪夫妻家庭角色與分工等問題。各行各業的家庭不約而同從劇中看見自己的身影，該劇貼近真實生活的描繪方式，引起社會極大共鳴。

出身政治世家的翁文方，在新北市市議員選舉連任失利後，轉到公正黨黨部擔任文宣部副主任。期間文宣部新進黨工張亞靜，在電梯與茶水間遭到組織部資深黨工簡成力言語與肢體性騷擾，翁文方得知後力挺張亞靜走性騷擾申訴程序，然而黨內主管卻要她們以大局為重，想以私下道歉、吃飯等搓湯圓方式河蟹處理[2]。簡成力之前也曾以簡訊、肢體性騷擾前員工苗珊如，事後更在工作上為難她，使其陷入愧疚、自責與痛苦，該案同樣被上司以「沒有證據，不能處理」，要求換單位草草了結。

文宣部主任陳家競醉心政治，自翊進步中年，認為自己的工作比較重要，時間全奉獻給選戰。他在職場上是暖男神隊長，回到家是落漆豬隊友，忘記買牛奶、繳學費、接小孩，為小孩吹頭髮還邊滑手機。擔任圖文插畫師、在家工作的老婆吳芳婷，心灰意冷下只好帶小孩回娘家分居。

翁文方酒後吐出「我們不要就這樣算了」「很多事情不能就這樣算了」「如果這樣的話，人就會慢慢地死掉」等真言，掀起了台灣社會 #MeToo 運動，從政治延燒到媒體、社運、學術、藝術圈等，一個又一個張亞靜、苗珊如站出來，勇敢成為自己的翁文方。

女性權利，永不放棄

女性權涵蓋生活各層面，其中重要的有人身安全權、社會參與權、政治參與權、工作權、教育權、健康權、婚姻與家庭權等。

---

2 編按：網路用語，代指封鎖、掩蓋負面訊息、控制新聞和言論自由，以及封鎖少量非文明用語的行為，同時也有螃蟹「橫行（語帶雙關）霸道」的意思。

▼人身安全權：女性有權不受性騷擾、性霸凌、性侵害或其他暴力威脅，不受婚姻暴力或其他家庭暴力形式威脅。當女性遭受人身安全危害，有關單位應提供適當緊急庇護或相關協助。

▼社會參與權：女性有權公開自由表達意見，自由選擇參與社會活動，共同參與公共事務及決策。

▼政治參與權：女性享有均等機會擔任一般公職，在高階公職、國會或地方議員比例符合性別比例原則。

▼工作權：女性享有均等機會選擇專業與職業，享有公平機會取得創業融資。女性享有平等報酬工作薪資，不因結婚而影響就業機會，不因懷孕而影響工作考績或升遷機會，有權在職場上取得申訴管道。女性有權取得托兒等足夠社會照顧系統。

▼教育權：女性享有平等機會接受各級教育，有權在校園中不受性別刻板印象或性別歧視。政府應保障懷孕學生受教權。

▼**健康權：**女性有權取得身心健康與健康管理充分支持系統及資訊。女性有權在懷孕與哺乳期間獲得適度照顧。女性有權在高罹患率疾病獲得適當醫療資訊與友善醫療環境。

▼**婚姻與家庭權：**女性享有在家庭中平等地位，在婚姻中經濟自主，擺脫來自家庭與社會對於生兒育女壓力，公平對待繼承權與土地或不動產分配權。

二十世紀中葉，女性權保障漸次體現在國際人權公約，一九四八年《世界人權宣言》揭示男女具有平等權利，不分性別享有該宣言一切權利與自由，包含思想自由、行為自由、表現自由、勞動權、教育權、婚姻與家庭權等。一九六六年《公民與政治權利國際公約》與《經濟社會文化權利國際公約》重申，該公約所載一切權利享受，男女權利一律平等。後者強調母親在分娩前後期間應受特別保護，工作者照給薪資，或福利休假。

一九七九年《消除對婦女一切形式歧視公約》（*Convention on the Elimination of All Forms of Discrimination Against Women*）以男女平等貫穿整部公約實質內容，確保女性在行動、居住、運動、學習、工作、婚姻、家庭、生育、財產、娛樂、參政等生活面向享有基本權利。

▼**消除女性歧視**：男女平等原則列入憲法、法律，消除任何個人、組織或企業對女性的歧視，制裁對女性的一切歧視。

▼**消除性別偏見**：消除性別尊卑觀念與男女任務定型偏見，了解母性社會功能，教養子女是父母共同責任，優先考慮子女利益。

▼**禁止販賣女性與使女性賣淫**：禁止一切形式販賣女性與意圖營利使女性賣淫行為。

▼**公民權**：女性在一切選舉與公民投票中有選舉權及被選舉權，女性有權參加非政府組織，擔任各級政府公職。

▼**國籍權**：取得、改變或保留國籍，以及子女國籍，女性與男性具有相同權利。女性與外國人結婚或於婚姻存續期間丈夫改變國籍，均不當然改變妻子國籍，使妻子成為無國籍人，或將丈夫國籍強加於妻子。

▼**教育權**：在各類教育機構，鼓勵男女同校，師資標準與設備質量相同，領受獎學金、參加運動機會相同，平等取得學習機會與文憑，減少女性退學率。

▼**工作權**：女性自由選擇職業，甄選標準、就業機會相同，同工同酬，有權享有帶薪度假、社會保障。禁止以懷孕或產假為由解僱，實施帶薪或同等社會福利產假，不喪失原有工作、年資或社會津貼。鼓勵提供托兒設施系統等輔助性社會服務。

▼**健康權**：女性取得計畫生育等保健服務，國家保證為女性提供懷孕、分娩與產後期間適當服務，必要時予以免費，並在懷孕與哺乳期間得到充分營養。

▼經濟與社會福利權：女性有權領取家屬津貼，以及銀行貸款、抵押等金融信貸，並參與娛樂、運動及文化生活。

▼農村女性權：農村女性有權享受適當生活條件，特別是在住房、衛生、水電、交通與通訊等方面。農村女性有權接受實用讀寫能力等培訓，組織自助團體與合作社，參加一切社區活動。農村女性有機會取得農業信貸，享有在土地改革與土地墾殖計畫方面平等待遇。

▼平等權：人身移動、自由擇居等法律，女性與男性具有相同權利。在公民事務上，女性與男性具有同等法律行為能力，以及行使相同機會，特別給予簽訂合約、管理財產與法庭訴訟平等權利。限制婦女法律行為能力的所有合約，以及其他任何具有法律效力的私人文件，應一律視為無效。

▼婚姻與家庭生活權：配偶選擇、婚約締結、婚姻存續、婚姻解除、子女事務、姓氏選擇、職業選擇、財產處置等，女性與男性具有相同權

利。

台灣現行《憲法》本文強調男女在法律上一律平等，「政府體制」篇章授權法律規定婦女在各區域立法委員名額。「基本國策」篇章提及按年齡與身體狀態，特別保護從事勞動的婦女與兒童。「國家為奠定民族生存發展之基礎，應保護母性，並實施婦女兒童福利政策。」增修條文「政府體制」篇章規定，立法委員全國不分區與僑居國外國民共三十四人，依政黨名單投票選舉，各政黨當選名單中婦女不得低於二分之一。「基本國策」篇章呼籲國家應維護婦女人格尊嚴，保障婦女人身安全，消除性別歧視，促進兩性地位實質平等。

整體觀察，台灣現行《憲法》女性權利，主要著重於平等權與參政權保障，其次是宣示人格尊嚴、人身安全、社會安全與社會福利的重要性。

「我們不要就這樣算了！」

消除女性歧視與保障人身安全是國際人權公約高度關切的權利，也是台灣必須大刀闊斧改革的迫切問題。政府有責任消除與制裁對女性的一切歧視，當女性遭受人身安全危害，應提供適當緊急庇護或相關協助。

邁入千禧年之際，台灣急起直追通過一連串法案：一九九五年《兒童及少年性剝削防制條例》、一九九七年《性侵害犯罪防治法》、一九九八年《犯罪被害人權益保障法》、一九九八年《家庭暴力防治法》、二〇〇二年《性別工作平等法》、二〇〇四年《性別平等教育法》、二〇〇五年《性騷擾防治法》、二〇一一年《消除對婦女一切形式歧視公約施行法》、二〇一九年《司法院釋字第七百四十八號解釋施行法》、二〇二一年《跟蹤騷擾防制法》等，並進行《民法》等修法，剷除「自己行為不檢點」「清官難斷家務事」「法不入家門」「男尊女卑」「家父長制」等傳統觀念，賦予女性重新掌握自我權利，

圖 1.2《人選之人—造浪者》成為性別平權的造浪者，台灣版 #MeToo 運動讓我們集體反省不對等的性別與權力關係，而憲法與法律框架只是起點。每個人都需意識到性別平權對社會影響甚鉅。

脫離不利處境。

性騷擾等事件對於受害者是揮之不去的長年夢魘，台灣版 #MeToo 運動發生，讓我們看見受害者過往因權力不等、證據難尋、程序耗時，遭受異樣眼光等二次傷害的顧慮而選擇隱忍不發，或是申訴被吃案反遭為難，長久以來通報案件僅是冰山一隅，案件黑數不計其數。

二〇二三年七月，立法院完成「性平三法」修法，依身分關係與事件場域擇取適用法規，校園事件適用《性別平等教育法》，含軍警校院與矯正學校；工作職場適用《性別平等工作法》(原《性別工作平等法》)；公共場所等其餘事件適用《性騷擾防治法》。針對被害者，新法延長申訴時效、增加扶助措施、完善保密規定、強化外部申訴與監督機制。針對加害者，增訂權勢性騷擾類型；分層級處罰行為人，新增民事懲罰性賠償，加重刑事性騷擾罪者刑法，新增行為人行政罰、罰鍰。

《人選之人—造浪者》成為性別平權的造浪者，台灣版 #MeToo 運動讓我們集體反省不對等的性別與權力關係。《憲法》與法律框架只是起點，每個人都需意識到性別平權對社會影響甚鉅。

性別平權，不能再等待。我們必須從思想、法制與行為，落實性平教育、健全性平準則、營造性平環境、改進申訴機制。從防治、介入到處置，一一著手、落實，才能保護受害者、制裁加害者，有效保障女性人身安全。

【3】我是兒童，兒童有權！

兒童不是只有被照顧的客體，更是擁有基本權利的主體。兒童權，大人世界必須明瞭，政府部門必須遵守，讓每一位兒童都能在充滿幸福、關愛與理解的氛圍中成長，使其人格自由而和諧地發展。

「老師說，不乖就要喝彩虹藥水」

兒童家長時有所聞，有的幼兒園與教保員為了管教方便，以安眠藥、鎮定劑等藥物控制幼童行為。二〇二三年二月至四月間，新北市板橋區一家知名私立連鎖幼兒園家長，發現家中孩子出現抑鬱、易怒、暴躁、驚醒、抽筋等異常狀況，進一步關切孩子在校情形與就醫檢驗，竟然在多位兒童身上驗出含有中樞神經系統鎮靜劑巴比妥（phenobarbital）等藥物殘留，擴及幼幼班、小班與中班，孩子也透露上課不乖會被老師帶去喝彩虹藥水，驚駭各個家長群組。

巴比妥在台灣是第三級、第四級管制類藥品，臨床主要使用於治療癲癇、麻醉等，因其會抑制腦神經發展，危害兒童健康，不會開立在兒童感冒藥中。五月新聞曝光後，新北市政府遭質疑幼童採檢時機過遲、幼童轉園安置未妥、監視畫面離奇消失、行政調查結果牛步、事件來龍去脈不明、求償方式不得其解等政府失靈問題。

各縣市政府聞風展開稽核幼兒園行動，採檢藥袋與託藥單，詢問教保員用藥知識，彷彿將教保員視為隨時會餵藥給孩子的嫌疑犯，讓各家幼兒園與幼保員備感壓力、心情低落，甚至出現轉職潮。

雖然事發在新北市板橋區，但是全國的家長都在著急擔心，自己的小孩是否有被餵食藥物、被餵食何種藥物、被餵食期間多長，以及體內存留多少劑量、孩童身心受到的影響、後續追蹤治療方式等問題。

為兒童著想

兒童不是只有被照顧的客體，更是擁有基本權利的主體。兒童權，大人世界必須明瞭，政府部門必須遵守，讓每一位兒童都能在充滿幸福、關愛與理解的氛圍中成長，使其人格自由而和諧地發展。

一九四八年《世界人權宣言》揭示人人皆得享受宣言所載一切權利與自由，肯認兒童應受特別照顧與協助，強調所有兒童，無論婚生或非婚生，均應享受同等社會保護。一九五九年《兒童權利宣言》（*Declaration of the Rights of the Child*）鼓吹兒童應受特別保護，出生後有權取得姓名與國籍，獲得適當營養、居住、娛樂與醫療照護，給予慈愛與理解，以利人格充分與和諧發展。兒童有權受教育，獲得充分遊戲與娛樂機會，不受任何形式漠視、虐待或剝削，避免薰染養成種族、宗教與其他形式歧視的習俗。

一九六六年《公民與政治權利國際公約》重申所有兒童有權享受家庭、社會與國家為其未成年身分給予的必需保護措施，不因種族、膚色、性別、語言、宗教、民族本源或社會階級、財產或出生而受歧視。所有兒童有權出生後應立予登記，並取得名字、國籍。夫妻婚姻關係消滅時，應訂定辦法，對子女予以必要保護。一九六六年《經濟社會文化權利國際公約》強調所有兒童與少年應有特種措施保護與協助，不受任何歧視。兒童與青年應有保障，免受經濟及社會剝削。依法懲罰僱用兒童與少年從事對其道德或健康有害、或有生命危險、或可能妨礙正常發育的工作者。國家應訂定年齡限制，禁止與懲罰出資僱用未及齡之童工者。

一九八九年《兒童權利公約》(*Convention on the Rights of the Child*)擴充《兒童權利宣言》條款，以「免於遭受歧視」「兒童最佳利益」「確保生存發展」「自由表示意見」作為貫穿整部公約的四大指引原則，保障兒童在保護、養育及參與階段的權利。

▼**發展權**：尊重父母以符合兒童各發展階段能力的方式，提供適當指導與指引行使兒童權。

▼**身分權**：兒童於出生後被登記、取得姓名與國籍、知其父母並受照顧的權利。國家應確保不違背兒童父母的意願而使兒童與父母分離，除非經司法審查判定維護兒童最佳利益所必要。

▼**團聚權**：兒童或其父母為團聚而請求進入或離開國家時，應以積極、人道與迅速方式處理。與父母分住不同國家的兒童，除情況特殊者外，應有權與其父母雙方定期保持私人關係與直接聯繫。

▼**思想自由**：尊重兒童思想、自我意識與宗教自由權利。

▼**隱私權**：兒童的隱私、家庭、住家或通訊，不得遭受恣意或非法干預，

其榮譽與名譽亦不可受非法侵害。

▼**教育權**：兒童有接受教育權利，實現全面免費義務小學教育，鼓勵發展不同形態的中等教育，包括普通教育與職業教育，以一切適當方式，使所有兒童依照其能力都能接受高等教育。

▼**身障權**：身心障礙兒童有受特別照顧權利，盡可能免費提供協助，以有效獲得與接受教育、訓練、健康照顧服務、復健服務、職前準備以及休閒機會，促進融入社會與實現個人發展，包括文化與精神發展。

▼**健康權**：兒童享有最高可達水準健康與促進疾病治療，以及恢復健康權利。國家應降低嬰幼兒死亡率，確保提供所有兒童必須的醫療協助與健康照顧，消除疾病與營養不良的現象，確保母親得到適當產前與產後健康照顧，發展預防健康照顧。

▼**社福權**：兒童享有社會保險等社會安全給付權利。

▼**遊戲權**：兒童享有休息與休閒，從事適合年齡的遊戲與娛樂活動，以

及自由參加文化生活與藝術活動權利。

▼免受不當對待：保護兒童免受任何形式的身心暴力、傷害或虐待、疏忽或疏失、不當對待或剝削，包括性虐待。

▼免致藥物濫用：保護兒童不致非法使用有關國際條約所訂定的麻醉藥品與精神藥物，並防止利用兒童從事非法製造與販運此類藥物。

▼免受誘拐販運：防止兒童受到任何目的或以任何形式的誘拐、買賣或販運。

▼免受武裝衝突：國家應採取所有可行措施，確保未滿十五歲的人不會直接參加戰鬥行為。國家應避免招募任何未滿十五歲的人加入武裝部隊，在招募年滿十五歲但未滿十八歲的人時，應優先考慮年齡最大者。國家於武裝衝突中有義務保護平民，並應採取一切可行措施，保護與照顧受武裝衝突影響的兒童。

台灣現行《憲法》僅於本文「基本國策」篇章簡略提及「婦女兒童從事勞動者，應按其年齡及身體狀態，予以特別之保護」「國家為奠定民族生存發展之基礎，應保護母性，並實施婦女兒童福利政策」「六歲至十二歲之學齡兒童，一律受基本教育，免納學費。其貧苦者，由政府供給書籍」，整體仍缺乏完善兒童權保障。

兒童安心上學

台灣對於兒童的保護主要奠基在法律層面，陸續完成一九七三年《兒童福利法》、一九八九年《少年福利法》、一九九五年《兒童及少年性剝削防制條例》、一九九七年《性侵害犯罪防治法》、一九九八年《家庭暴力防治法》、二〇〇三年《兒童及少年福利與權益保障法》(《兒童福利法》與《少年福利法》整併後更名)、二〇一二年《家事事件法》、二〇一四年《兒童權利公約

圖1.3 1989年《兒童權利公約》擴充《兒童權利宣言》條款，以「免於遭受歧視」「兒童最佳利益」「確保生存發展」「自由表示意見」作為貫穿整部公約的四大指引原則，保障兒童在保護、養育及參與階段的權利。

施行法》，以及修改《民法》與《刑法》。

餵藥事件如屬實，恐違反《兒童權利公約》四大指引原則中「兒童最佳利益」與「確保生存發展」兩原則。依照兩原則，兒童有與生俱來的生命權，兒童學習與成長事務，無論是幼兒園或是政府部門，應以兒童最佳利益為優先考量。政府部門應採取一切適當立法與行政措施，訂定兒童相關機構在安全、保健、工作人員數量與資格，及有效監督的標準，確保兒童福祉所必要的保護與照顧，盡最大可能確保兒童生存與發展。

台灣現行《幼兒教保及照顧服務實施準則》規定，幼兒園應訂立託藥措施，並告知幼兒父母等。教保員受委託協助幼兒用藥，應以醫療機構所開立藥品為限，其用藥途徑不得以侵入方式為之。教保員協助幼兒用藥時，應確實核對藥品與藥袋的記載，並依所載方式用藥。

再依《教保服務人員條例》，教保員對幼兒「身心虐待」或「情節重大之體罰、霸凌、性騷擾、不當管教、其他身心暴力或不當對待之行為」，處新台幣六萬元以上六十萬元以下罰鍰，並公布姓名與機構名稱。幼兒園負責人最重廢止設立許可處分。

雖然新北地檢署認為新北幼兒園餵藥事件無證據而給予不起訴處分，政府部門未來仍應強化管制藥品領受登記制度，並重新檢討《幼兒教保及照顧服務實施準則》，嚴格規範幼兒園託藥措施。地方政府嚴格訂定幼兒園託藥措施，培力教保員正確託藥準則，定期稽核幼兒園，違反規定者，施以高額罰鍰、揭露資訊、人員追究、廢止許可等處罰，打造一個可讓兒童健康歡樂成長的學習園地。

【4】公民權，十八限？

台灣要讓十八歲青年成為權利與義務相當之權利主體，最後一塊拼圖就是解除年齡歧視、打破差別待遇、友善公共場域，賦予十八歲青年選舉權、被選舉權與罷免權等，還給十八歲青年應有之公民權利與地位。

十八歲青年的煩惱

台灣十八歲青年經常要煩惱，有哪些事情可以做、哪些事情不可以做。

十八歲青年可以買公益彩，卻不可以買運動彩。

十八歲青年可以報考駕照，卻不可以購買車子。
十八歲青年可以擔任警察，卻不可以擔任保全。
十八歲青年可以考服公職，卻不可以發起集會。
十八歲青年可以組成家庭，卻不可以組織團體。
十八歲青年可以投公投票，卻不可以投選舉票。

台灣《民法》將成年訂於二十歲，《憲法》《民法》《刑法》《兵役法》《公務人員考試法》等，對於各種行為與責任能力歲數，缺乏一致標準。十八歲青年被國家課予一堆公民責任，卻吝於賦予公民權利，限縮公共事務參與權，形成二十一世紀世界罕見的公民身分年齡限制，導致青年權責傾斜、世代正義蒙塵。二〇二三年起，《民法》將成年年齡降低至十八歲，十八歲青年終於可以自己申辦手機、開戶貸款、買房買車、簽訂契約、擔任保全、發起集會、組織團體、提出訴訟等。

目前法律規定，年滿十八歲有公民投票權；年滿二十歲有選舉權與罷免權；年滿二十三歲有權被選舉為立法委員、直轄市議會議員、縣（市）議會議員、鄉（鎮、市）民代表會代表、直轄市山地原住民區民代表會代表、村（里）長；年滿二十六歲有權被選舉為鄉（鎮、市）長、直轄市山地原住民區長；年滿三十歲有權被選舉為直轄市長、縣（市）長；年滿四十歲有權被選舉為正副總統。

台灣公民權年齡多停留於二戰前二十歲思維，從民主化至今，超過千萬名十八、十九歲青年被剝奪公民權。古板的公民權規定，成為青年參與公共事務一道高牆。選舉結果無法反映青年人心聲，政府政策擘畫缺乏系統性納入青年世代觀點，反而偏重中高齡者利益。尤其，性別平等、求學環境、青年就業、工資條件、貧窮現象、居住正義、產業發展、社會安全、年金制度、高齡社會等議題與青年世代密切相關，青年世代往往被排除於政策審議過程，卻要擔負政策決定後果。

二〇二一年，十九歲的安娜．魯爾曼（Anna Lührmann），當選德國聯邦議院議員；二〇一一年，十八歲高中生傑瑞米．米尼爾（Jeremy Minnier），當選美國愛荷華州（Iowa）阿雷戴爾鎮（Aredale）鎮長；二〇一五年，二十歲的瑪莉．布萊克（Mhairi Black），當選英國國會下議院議員；二〇一八年，十八歲寶拉．龔薩雷斯（Paola González Dávalos），競逐墨西哥哈利斯科州（Jalisco）特帕蒂特蘭市（Tepatitlán）市長；二〇二一年，十八歲的非裔青年杰倫．史密斯（Jaylen Smith），當選美國阿肯色州（Arkansas）克里坦登郡（Crittenden County）厄爾鎮（Earle）鎮長……台灣卻還停留在「囡仔人有耳無喙」的年代。

元宇宙時代，青年族群具有成熟知識理解、媒體識讀、資訊吸收、議題思辯、公共參與能力。青年沒有包袱，青年滿是抱負，青年往往是推動國家向前重要力量。彰師大助理教授鍾明倫等人，研究台灣十八至二十二歲大學生，同樣發現台灣年輕世代善用網路社群進行思考、討論與行動，實踐審議

圖1.4 2022年春天，立法院議決通過18歲公民權修憲案，增訂《中華民國憲法增修條文》。然而，最後公投結果以同意票5,647,102張（52.96%）、不同意票5,016,427張（47.04%），同意票未超過1/2選舉人總額門檻，修憲案公投未通過。

式民主，擁有政治效能感，具備公共事務參與能力。自一九九七年起，台灣被美國人權團體自由之家（Freedom House）評比為自由國家，二〇二三年排名全球第十八名、亞洲第二名，殊不知台灣十八歲青年未有與各國同齡者相同公民權，依然受困於民主體制中，難以正常發聲和行動。

十八歲公民權是世界主流

十八歲公民權是全球共識，其內涵為年滿十八歲者具有選舉、罷免、公民投票、發起集會遊行、發起人民團體、被選舉等公共事務參與權。當代憲政民主國家充分保障公民權之普世價值，一九四八年《世界人權宣言》與一九六六年《公民與政治權利國際公約》揭示公民有權直接或經由自由選舉之代表參與本國政事。公民有平等機會，服本國公職。公民意志為政府權力基石，公民意志展現在真正、定期之選舉。選舉權必須以普及、平等、無記名程序進行。《公民與政治權利國際公約第二十五號一般性意見》說明，投票權和公民投票權最低年齡，僅受合理限制，且必須由法律規定。

「一個人大到可以打仗，他就大到可以去投票」訴求，讓二十歲公民權思維在二戰後逐漸瓦解。一九四六年捷克斯洛伐克，獨步全球實施十八歲公民權。一九七〇年代，澳洲、紐西蘭、芬蘭、瑞典、丹麥、德國、義大利、荷蘭、法國、西班牙、英國、加拿大、美國等，風起雲湧加入十八歲公民權俱樂部。台灣鄰近國家，近年相繼接軌國際趨勢，二〇一六年日本、二〇一九年馬來西亞、二〇二〇年韓國，陸續將公民權年齡降低至十八歲。十八歲公民權已是世界主流，奧地利、蘇格蘭、古巴、尼加拉瓜、巴西、阿根廷等國，甚至開放至十六歲。全世界紛紛降低公民權年齡，以因應擴充公民資格、權利義務對等、人口結構變遷趨勢，台灣反而變成世界極少數還未降低公民權年齡的國家。

台灣現行《憲法》本文明定「人民有選舉、罷免、創制及複決之權」「本憲法所規定之各種選舉，除本憲法別有規定外，以普通、平等、直接及無記名投票之方法行之。」「中華民國國民年滿二十歲者，有依法選舉之權，除本憲法及法律別有規定者外，年滿二十三歲者，有依法被選舉之權。」

台灣現行《憲法》增修條文規範「中華民國自由地區選舉人於立法院提出憲法修正案、領土變更案，經公告半年，應於三個月內投票複決……」「總統、副總統由中華民國自由地區全體人民直接選舉之，自中華民國八十五年第九任總統、副總統選舉實施。總統、副總統候選人應聯名登記，在選票上同列一組圈選，以得票最多之一組為當選。在國外之中華民國自由地區人民返國行使選舉權，以法律定之。」

世代共治的公民社會

孩子長大滿十六歲成人，工作可以領全薪。府城台南至今保有三百年來七娘媽生「做十六歲」傳統禮俗。台灣社會百年追求十八歲公民權，一九三一年當台灣人民還未有公民權時，台灣文化協會率先提出男女十八歲參政權，作為台灣議會設置請願運動訴求之一。一九九〇年代呼聲再起，二〇〇五年民間團體組織化倡議，二〇一六年各主要總統候選人競相許下承諾。體制內，一九九四年與一九九七年國民大會修憲提案，二〇〇二年、二〇一五年與二〇一八年立法院修憲提案，皆無功而返。

二〇〇五年第七次修憲，明定立法院為唯一修憲提案機關。新修憲程序，須經立法委員四分之一（二十九人）提議、四分之三（八十五人）出席、四分之三（六十四人）決議，提出《憲法》修正案；公告半年，經選舉人投票複決，有效同意票超過二分之一（約九百六十二萬人）選舉人總額，修憲通過。修憲「國會通過」與「公民複決」超高雙門檻，迫使《憲法》進入永凍層。台灣已超過十七年未曾翻新《憲法》，《憲法》被冰凍，難以與時俱進。

二〇二二年春天，立法院議決通過十八歲公民權修憲案，增訂《中華民國憲法增修條文》，規定「中華民國國民年滿十八歲者，有依法選舉、罷免、創制、複決及參加公民投票之權。除本憲法及法律別有規定者外，年滿十八歲者，有依法被選舉之權。」這次修憲形式，仍採取台灣特有凍結《憲法》本文，外加增修條文慣例，而非突破直接更動《憲法》本文；體例上也未採取授權法律全權訂定公民權年齡，而是依舊將公民權年齡直接寫入《憲法》。

社會期待修憲公民複決若通過，搭配修法，未來年滿十八歲有選舉權、罷免權與公民投票權；年滿十八歲有權被選舉為立法委員、直轄市議會議員、縣（市）議會議員、鄉（鎮、市）民代表會代表、直轄市山地原住民區民代表會代表、村（里）長；年滿二十六歲有權被選舉為鄉（鎮、市）長、直轄市山地原住民區長；年滿三十歲有權被選舉為直轄市長、縣（市）長；年滿四十歲有權被選舉為正副總統。二〇二四年立法委員與正副總統選舉，可望增加四十二萬名十八至十九歲青年選民。

只是，台灣歷次全國性公民投票或選舉，從未出現過有效同意票超過二分之一選舉人總額光景。全國性公民投票，有效同意票最高者是二〇一八年「反空汙公投案」，約七百九十五萬票；全國性選舉，自舉辦民選正副總統以來達到空前得票紀錄的二〇二〇年蔡賴配也才獲得約八百一十七萬票，修憲公民複決卻至少需達約九百六十二萬票，相當艱難。終究，公投結果，同意票五百六十四萬七千一百零二張（五二．九六％）、不同意票五百零一萬六千四百二十七張（四七．〇四％），十八歲公民權修憲案公投未通過。

站在《憲法》為「人民權利保障書」的角度，本不該將台灣現行《憲法》二十歲選舉權規定視為限制，應理解成最慢年滿二十歲者具有選舉權。美國《憲法》即使標示十八歲公民權，並未禁止各地方政府下降公民權年齡。台灣欲透過修憲，將十八歲公民權寫入《憲法》，僅意味積極保障作為。此次修憲公民複決未通過，未來應思考循國會立法、憲法法庭釋憲途徑等，確立十八歲公民權。

二〇二〇年，台灣人口出現負成長；二〇二五年，台灣進入超高齡社會，六十五歲以上人口占五分之一；二〇三四年，五十歲以上人口占二分之一。台灣要讓十八歲青年成為權利與義務相當之權利主體，最後一塊拼圖就是解除年齡歧視、打破差別待遇、友善公共場域，賦予十八歲青年選舉權、被選舉權與罷免權等，還給十八歲青年應有之公民權利與地位。讓青年成為承擔社會的主力群體，連結各個世代觀點，妥適配置社會資源，實現世代共治與共好的公民社會，提高台灣共同體生存機會。

PART 2

飲食男女與憲法

【1】食品安全，健康安心
【2】勞動合作社，自己當老闆
【3】全民基本收入：人工智慧時代的社會疫苗
【4】女婚女嫁、男婚男嫁

【1】食品安全，健康安心

依照國際人權公約，政府有責任排除一切不健康的根源，保護人民維持最高標準的身體與精神健康。政府有必要明確訂立健康權實踐途徑，人民得以依據健康權請求政府給付，政府在評估財政負擔能力下，提供最佳時機與程度的給付政策。

暴露於風險中的人體食驗室

二〇一一年，有上游原料供應商為了節省成本，被發現過去十五年間在起雲劑中加入工業用塑化劑，提供下游廠商製作糕點、麵包、果凍、果醬、飲料、藥品等食品。民眾如果長期過量食用塑化劑，恐影響發育與生殖功能。

二〇一三年，有澱粉業者被檢出在澱粉製品內添加工業用黏著劑「順丁烯二酸酐」，讓民眾吃起米粉、肉圓、黑輪、魚丸、粄條、年糕、豆花、粉圓、芋圓、地瓜圓等覺得口感Q彈。同年，某家食用油公司對外販售宣稱進口一〇〇%特級橄欖油，實際上是摻入葵花油、棉籽油，添加銅葉綠素染色，標示不實的調和油，牽連多家國內知名大廠。

二〇一四年，擁有廣泛市占率的知名油品公司，遭調查長年以廢油與飼料油混充食用豬油，出售給中下游廠商，受影響者除了台灣的家庭、餐館、攤商外，更擴及中國香港與澳門民眾。這些黑心餿水油如長期食用，恐引發心血管疾病與致癌。

過去十年來台灣屢屢爆發食品安全危機，近年則有工業用染劑湯圓、過期原料蝦味先、牛奶粉與奶精混充鮮羊乳、過期原料手搖飲、非法色素馬卡龍、芬普尼雞蛋，以及營養午餐的蔬菜農藥超標等事件，讓民眾提心吊膽，有如人體被當作實驗室一般，食在不安心。

權利，從身心健康出發

食品安全關乎每一個人的健康，而一個人擁有健康的身體與心靈，方有餘力主張行為自由、表現自由、財產權、工作權等基本權利。一九四六年《世界衛生組織憲章》（*Constitution of the World Health Organization*）界定健康是一種體格、精神與社會的完全健全狀態，人人有權享受最高且能達成的健康標準，不因種族、宗數、政治信仰、經濟或社會情境各異而有差異。

國際人權公約相當重視健康權，一九四八年《世界人權宣言》提倡人人有權享受維持本人與家屬健康及福利所需生活水準，包含食物、衣物、住房、醫療等必要社會服務，並有權在遭遇失業、疾病、身障、寡居、年老等不可抗力事故，以致喪失謀生能力時獲得保障。一九六一年《歐洲社會憲章》

（*European Social Charter*）建構享受健康保護權利，國家盡可能根除不健康根源，防止流行病、地方病等。國家採取措施提供諮詢與教育便利以增進健康，並鼓勵個人健康責任感。

一九六五年《消除一切形式種族歧視國際公約》強調人人有權享受公共衛生，醫藥照顧社會保障與社會服務。一九六六年《經濟社會文化權利國際公約》申明人人有權享受可能達到最高標準的身體與精神健康，設法減低死產率與嬰兒死亡率，並促進兒童健康發育；改良環境與工業衛生；預防、療治與撲滅各種傳染病、風土病、職業病等；創造人人患病時均能享受醫藥服務與醫藥護理的環境。

一九七九年《消除對婦女一切形式歧視公約》要求各國應採取一切適當措施以消除女性保健歧視，讓女性取得計畫生育等保健服務。國家保證為女性提供懷孕、分娩與產後期間適當服務，必要時予以免費，並在懷孕與哺乳期間得到充分營養。

一九八九年《兒童權利公約》主張兒童享有最高可達水準健康與促進疾病治療，以及恢復健康權利。國家應降低嬰幼兒死亡率，確保提供所有兒童必須的醫療協助與健康照顧。消除疾病與營養不良的現象，包含在基礎健康照顧架構下運用現行技術，以及透過提供適當營養食物與清潔的飲用水，並應考量環境汙染危險與風險。確保母親得到適當產前與產後健康照顧。確保父母與兒童等社會各階層，獲得有關兒童健康與營養、個人與環境衛生、防止意外事故的基本知識教育。發展預防健康照顧。

二〇〇六年《身心障礙者權利公約》（*Convetion on the Rights of Persons with Disabilities*，CRPD）表明在與其他人平等基礎上，身心障礙者有權獲得尊重身心完整性。身心障礙者有權享有可達到的最高健康標準，不因身心障礙而受到歧視。國家應提供身心障礙者與其他人享有同等範圍、質量與標準的免費或可負擔健康照護及方案，提供身心障礙者因其身心障礙而特別需要的健康服務，以及設計用來極小化與預防進一步障礙發生的服務，盡可能於身心障礙者最近所在社區提供該等健康服務。國家要求醫事人員提供身心障礙者與其他人相同品質的照護，身心障礙者有權獲得公平合理的健康與人壽保險。

健康權保障，亦散見於國際勞工組織相關公約，其中攸關安全環境有一九八一年《第一五五號：職業安全與衛生公約》（*Occupational Safety and Health Convention*）、一九八五年《第一六一號：職業衛生設施公約》（*Occupational Health Services Convention*）、二〇〇六年《第一八七號：促進職業安全與衛生架構公約》（*Promotional Framework for Occupation Safety and Health Convention*）；攸關經建事業有一九六四年《第一二〇號：衛生（商業與辦公處所）公約》（*Hygiene [Commerce and Offices] Convention*）、一九八八年《第一六七號：營造業安全與衛生公約》（*Safety and Health in Construction Convention*）、一九九五年《第一七六號：礦產安全與衛生公約》（*Safety and Health in Mines Convention*）、二〇〇一年《第一八四號：農業

安全與衛生公約》（*Safety and Health in Agriculture Convention*）；攸關風險控管有一九六〇年《第一一五號：輻射防護公約》（*Radiation Protection Convention*）、一九七四年《第一三九號：職業癌症公約》（*Occupational Cancer Convention*）、一九七七年《第一四八號：工作環境（空氣汙染、噪音與震動）公約》（*Working Environment [Air Pollution, Noise and Vibration] Convention*）、一九八六年《第一六二號：石綿公約》（*Asbestos Convention*）、一九九〇年《第一七〇號：化學物品公約》（*Chemicals Convention*）。

台灣現行《憲法》本文「基本權利」篇章未明文列舉健康權，早期大法官僅蜻蜓點水式提及「民族健康」「維護國民健康」「個人安心健康」「病人健康」「國民身心健康」「保護兒童及少年之身心健康」「生命及身體之健康」等字眼，直到二〇一七年首度正視健康權概念，並肯認其《憲法》上的地位，二〇一九年進一步表明健康權內涵。大法官認為人民健康權是《憲法》所保障的基本權利，保障人民生理與心理機能完整性，不受任意侵害。國家對於人民身心健康負有一定照顧義務，涉及健康權相關法律制度形成與設計上，負有最低限度保護要求。

食安、心安與平安

依照國際人權公約，政府有責任排除一切不健康的根源，保護人民維持最高標準的身體與精神健康。政府有必要明確訂立健康權實踐途徑，人民得以依據健康權請求政府給付，政府在評估財政負擔能力下，提供最佳時機與程度的給付政策。

為因應一連串食安問題，台灣政府建立「食品三級品管制度」，第一級品管由業者自主管理，第二級品管採第三方驗證，第三級品管為政府稽查抽驗，希望透過層層把關，打擊黑心業者。然而，食安問題卻未見停歇，政府有必要定期檢視法制、政策與執行成效。

圖2.1 台灣政府建立「食品三級品管制度」，第一級品管由業者自主管理，第二級品管採第三方驗證，第三級品管為政府稽查抽驗，希望透過層層把關保障民眾健康。

歐盟形塑的食品安全管理體制，值得台灣作為借鏡。觀念上，建立從農場到餐桌全程管理的基本思維，落實管理立法與管制政策，嚴格監督衛生環境、細菌汙染、藥品殘留、運輸倉儲、食品標示等環節，要求業者履行產品安全、資訊公告與產銷履歷規範。邀請專家組成獨立評估機構，針對需求與目標進行風險評估，提出評估報告與管理策略。遇到食安事件，快速進行通報、下架與應變作業。

義大利甚至建立有編制、人力與預算的食安警察隊，常態性檢查企業、採樣食品、調查文件，圍堵劣質、假冒與走私食品，讓黑心食品上不了餐桌。

應對黑心廠商，政府應展現魄力祭出《食品安全衛生管理法》《行政罰法》等追罰不法利得，根絕業者將罰款當作成本吸收歪風，從食品安全出發，建構完善食物、衣物、住房、醫療等社會服務制度，確保人民健康權。

【2】勞動合作社，自己當老闆

隨著時代演進，人民勞動生活保障需求提升，勞動權體系亦不斷擴展，計有充分就業權、職業自由權、安全環境權、休息閒暇權、合適報酬權、勞動團結權、團體協商權、團體行動權。

外送員搏命搶單是否能賺錢？

近年，美食外送機車穿梭大街小巷，外送員們在巷弄等單與接單、聚集在店家取餐，成為從城市到鄉村共有的街景。美食外送平台的興起，串接外送員、店家與顧客，顧客只要上網站或APP選餐，美味餐點就會自動送到家。由於鎮定入門簡易、工時彈性、額外收入等優勢，外送的工作性質吸引了全國約十萬名外送員投入送餐行列。

外送員需先向平台業者註冊，購買外套制服、保溫箱，並自行支付安全帽、手機架、油費、電話費等相關成本。工資計算公式常有變動，每單含獎勵金起算，近程約三十至四十元，遠程約四十至六十元。外送員每小時約可跑二至三單，除非在用餐尖峰時段，一般時段要達到法定基本時薪一百七十六元都非易事，且工資所得未享有二十萬元薪資所得特別扣除額。外送員可能遭遇車禍、流浪犬追逐、顧客與管理員衝突等職災風險，平台業者卻僅提供低檔保險額度。

平台業者會向顧客收取下單費，並向店家抽成三五%至四〇%，店家也將成本轉嫁到顧客身上。外送產業雖然標榜線上平台委外派送，卻逐漸淪為全天工時、高額抽成、利潤低廉困境，甚至犧牲外送員自由、健康與家庭，優勢早已大不如前。平台業者界定與外送員間屬短期契約承攬關係，而非僱

圖2.2 平台業者界定與外送員間屬短期契約承攬關係，而非僱用關係，故外送員勞動權利責任議題因而受到關注，衍生出從《憲法》角度如何看待勞動者權益的問題。

用關係。平台業者獲取巨額資產，卻迴避保障外送員勞動權利責任，因而衍生了從《憲法》角度如何看待勞動者權益的問題。

勞動權利，國家責任

無論是外送員新興產業，或是傳統產業勞動者，都是勞動權保障對象。工業革命後，勞動者逐漸形成權利意識，經長年奮鬥，勞動權終於獲得了國家的承認。一戰後，德國《威瑪憲法》（*Weimarer Verfassung*）保障人民就業，抗衡資本主義造成貧富不均、高失業率問題。二戰後，日本、法國、義大利等國紛紛將勞動權入憲，成為各國憲政人權保障主旋律。勞動權在《憲法》上為可具體請求的受益權、課予政府責任，在現實運作中卻相當受到國家政策方向與社會經濟發展影響。隨著時代演進，人民勞動生活保障需求提升，勞動權體系亦不斷擴展，大致包含充分就業權、職業自由權、安全環境權、休息閒暇權、合適報酬權、勞動團結權、團體協商權、團體行動權等。前五項為實質勞動權，後三項為集體勞動權，又稱勞動三權，作為保障實質勞動權的手段。

▼充分就業權：無論性別、種族、國籍、宗教、黨派等，人人有權獲得最適工作、發揮所長、禁止歧視。

▼職業自由權：人人有權自由選擇職業，禁止強制勞動。

▼就業安全權：人人有權享有安全與衛生之工作環境，國家應輔以就業服務、職業訓練、失業救助等保障機制。

▼休息閒暇權：人人有權享有休息與閒暇，國家必須訂定合理工時、週休年休、給薪休假。

▼合適報酬權：人人有權享有公正與合理薪酬，讓自己與家人擁有符合人性尊嚴、寬裕與體面的生活條件。不分性別與國籍，同工同酬，高

額加班報酬。依法有條件與限度之薪酬扣除額。勞僱終止前，提早預告終止日。

▼勞動團結權：結社自由，人人有權參與工會、組織工會。

▼團體協商權：勞方有權參與資方決策，進行團體協商，改善勞動條件與工資福利，實踐產業民主。

▼團體行動權：勞動團體有權發起罷工，透過爭議過程爭取自身權利，形成勞資新共識。

國際公約持續擴充勞動權利體系，一九四八年《世界人權宣言》明示人人享有有權工作、職業自由、禁止奴役、合理工時、給薪休假、合適報酬、同工同酬、組織工會、失業保障等權利。一九六六年《公民與政治權利國際公約》強化禁止奴役與組織工會之規範。一九六六年《經濟社會文化權利國際公約》保證女性享有之工作條件不亞於男性。為達成充分就業，各國應提供技術與職業指導、訓練。人人享有安全衛生的工作環境，升遷機會平等，行使罷工權利。工會有權成立全國性組織，並參加國際工會組織。

勞動三權的保障，更可見於國際勞工組織在二十世紀通過之相關公約中，即一九二一年《第十一號：結社權利（農業）公約》（*Right of Association [Agriculture] Convention*）、一九四八年《第八十七號：結社自由及組織權之保障公約》（*Freedom of Association and Protection of the Right to Organise Convention*）、一九四九年《第九十八號：組織權及團體協商權公約》（*Right to Organise and Collective Bargaining Convention*）、一九七八年《第一百五十一號：勞動關係（公共服務）公約》（*Labour Relations [Public Service] Convention*）、一九八一年《第一百五十四號：團體協約公約》（*Collective Bargaining Convention*）。

台灣現行《憲法》勞動權規範，除了在本文「基本權利」篇章提及「人民之生存權、工作權及財產權，應予保障」外，其餘寫在基本權利保障效力較低之「基本國策」篇章，包括「國民經濟應以民生主義為基本原則，實施平均地權，節制資本，以謀國計民生之均足」「國家應普設平民金融機構，以救濟失業」「人民具有工作能力者，國家應予以適當之工作機會」「國家為改良勞工及農民之生活，增進其生產技能，應制定保護勞工及農民之法律，實施保護勞工及農民之政策」「勞資雙方應本協調合作原則，發展生產事業。勞資糾紛之調解與仲裁，以法律定之」「國家為謀社會福利，應實施社會保險制度。人民之老弱殘廢，無力生活，及受非常災害者，國家應予以適當之扶助與救濟」「婦女兒童從事勞動者，應按其年齡及身體狀態，予以特別之保護」。

此外，增修條文「基本國策」篇章補充提到，國家應保障身心障礙者之教育訓練、就業輔導、生活維護與救助，扶助其自立與發展。國家應重視國民就業，對於國民就業等救濟性支出應優先編列。國家對軍人退役後之就業與就養予以保障。

台灣現行《憲法》本文的勞動想像，駐足在第二次工業革命年代，未銜接戰後台灣勞動發展路徑，對於勞動三權規定含糊不清，造成勞方與資方地位不平等，無論工會組成、權利交涉、罷工行動，勞動者經常居於劣勢地位。台灣勞工陣線從一九九〇年代推動「勞動憲章草案」，持續倡議勞動基本權、事業單位參與經營權、勞動條件與就業安全之保障、勞動女性之積極保障、勞動法院等。

勞動自治，快樂勞動

美食外送平台席捲全球，雖然就業市場結構改變，走向零工勞動、遠距工作、工時彈性，然而勞動工作，其本質卻未改變。台灣政府對於外送產業訂定「勞動契約認定指導原則」「食品外送作業安全衛生指引」等，以期對於法律關係、組織工會、勞動權益、保險權益能有初步規範。如從人格、經濟與組織從屬性，經認定為僱傭關係，外送員工時、休息、休假等權益等同一般勞工，受到《勞動基準法》《勞工保險條例》《就業保險法》《職業安全衛生法》保障，平台業者給付之工資不得低於基本工資，且要為外送員按月提繳退休金。平台業者要為外送員辦理勞工保險、就業保險，外送員在跑單過程遇到災害，平台業者要給予補償。如是承攬關係，外送員可透過縣市職業工會辦理勞工保險，平台業者也需遵守《職業安全衛生法》規範。

二〇二一年十月，全國外送產業工會成立，這是好的起點，讓工會督促就業安全、休息閒暇、合適報酬、勞動團結、團體協商與團體行動等權利落實，解決勞動報酬減少、勞動貧困加劇、終身非典就業現象，並保有家庭生活。

外送產業未來更可以思考自組外送員合作社，以民主、平等與共享原則，照顧外送員生活需要，實現勞動者人性尊嚴，讓勞動者重新找回創造發展自主性，保障勞動權。在勞資關係民主化架構下，平台業者漸進讓渡股權，讓外送員持有股權，國家提供法律與政策支持環境。外送員與平台業者抱持合作信念，共同擁有平台經營權，在進步價值引領下，與市場、團體與社區形成互助支持體系，提升外送產業知能，一起出資生產、營運決策與分享利潤。

【3】全民基本收入：人工智慧時代的社會疫苗

二十一世紀的工作型態不再以「朝九晚五」的形式運作，而是以更加自動化、彈性化與人性化的方式進行。人民終能解放既往的「勞動」，轉向真正的「工作」。人民是國家股東，有權分享國家紅利，擁抱安心與安定的生活。全民基本收入，不是讓人民有錢又不用做事，而是讓我們有機會做到更多夢想完成的事。

M型化台灣

「溪水清清照人影，天然合奏音樂聲。啊——青春嶺，青春嶺頂自由行。」

二〇二一年六月新冠肺炎（COVID-19）疫情進入三級警戒，八十七歲資深藝人脫線爸（陳炳楠）與兒子搭檔合作，當起直播主，唱起一九三〇年代描述台灣年輕人對自由戀愛渴望的台語流行曲《青春嶺》。脫線爸透過直播帶貨，也分享人生哲理，希望維持台東複合式渡假園地「脫線牧場」的產品銷售，支應員工生計。新冠肺炎疫情擴散以來，餐飲、零售、旅遊、電子、製造業等廣泛領域受到衝擊，人民頓時收入銳減。

台灣貧富差距的擴大更使時下困境雪上加霜，社會朝向M型化的方向發展，結構性失業、薪資低廉、窮人增加等問題益發嚴峻。而人工智慧進化神速，客服人員、外送員、會計師、零售店員、導遊、計程車駕駛、房仲、演員、理財專員等工作職務未來恐將被其取代，勢必打亂現行勞動市場型態。舊有所得分配模式，難以因應新情勢與新危機。因此國家需要建立有效的經濟與社會安全網，建構新型態所得分配模式，以保障能扶持人民經濟生活的社會安全權。在各項社會安全權政策方案中，近年最引發關注與討論的，就是全民基本收入。

社會安全權，人民基本生活的保障

一個生命誕生後，其父母與國家都有照顧責任。社會安全權的意涵與實踐，即在於國家對人民照顧的義務，解決弱勢生活困頓、人民生活需求問題，並有效地實現社會公平正義。十九世紀末，為解決階級對立現象，歐洲開始以徵稅等方式，建立社會安全制度，試圖重新分配社會財富，保障基層與弱勢民眾。二十世紀初，德國《威瑪憲法》首開先例於憲法層次體現社會安全理念，指出經濟與勞動生活等立法原則，交由國會形成法律。國會考量政府財政負擔能力下，針對社會給付項目、對象、額度與方式等，訂定法律供行政部門執行。

社會安全權主要制度設計有社會保險、社會救助、社會補償等，其內涵如下：

▼社會保險：政府採現金補助與福利服務的預防性措施。現金補助如農民、勞工、公務人員、軍人、失業、長者、疾病、意外、身障等保險，福利服務如醫療、照護、復健等服務。

▼社會救助：政府回應實際需求的救濟性措施，如學生、農民、長者、疾病、清寒、身障等救助。

▼社會補償：政府給付個人或團體損害的補償性措施，如戰爭傷亡、國家暴力等補償。

一九四八年《世界人權宣言》提倡人人有權享受維持本人與家屬健康與福利所需生活水準，包含食物、衣物、住房、醫療等必要社會服務，並有權在遭遇失業、疾病、身障、寡居、年老等不可抗力事故，以致喪失謀生能力

圖2.3 社會安全權主要設計有社會保險、社會救助、社會補償等制度，國家必須照顧人民，解決弱勢生活困頓、人民生活需求問題，實現社會公平正義。

時獲得保障。國際勞工組織一九五二年《第一〇二號：社會安全最低標準公約》（*Social Security [Minimum Standards] Convention*）重視提供勞工關於醫療、疾病、失業、老年、職業傷害、撫養兒童、生育、失能、遺族等給付或服務。一九六六年《經濟社會文化權利國際公約》重申人人有權免於飢餓，享受本人與家屬所需適當生活水準，包含有足夠食物、衣物、住房，以及不斷改進生活條件。

台灣現行《憲法》本文「前言」提及「……增進人民福利，制定本憲法，頒行全國……」，「總綱」篇章宣示「中華民國基於三民主義，為民有民治民享之民主共和國」，「基本權利」篇章明文揭示保障人民生存權，並且沿襲仿照德國《威瑪憲法》模式，將社會安全權寫入「基本國策」篇章，包括「國家為改良勞工及農民之生活，增進其生產技能，應制定保護勞工及農民之法律，實施保護勞工及農民之政策」「勞資雙方應本協調合作原則，發展生產事業。勞資糾紛之調解與仲裁，以法律定之」「國家為謀社會福利，應實施社會保險制度。人民之老弱殘廢，無力生活，及受非常災害者，國家應予以適當之扶助與救濟」「國家為增進民族健康，應普遍推行衛生保健事業及公醫制度」等。

增修條文「基本國策」篇章也納入「國家應推行全民健康保險，並促進現代和傳統醫藥之研究發展」「國家對於身心障礙者之保險與就醫、無障礙環境之建構、教育訓練與就業輔導及生活維護與救助，應予保障，並扶助其自立與發展」「國家應重視社會救助、福利服務、國民就業、社會保險及醫療保健等社會福利工作，對於社會救助和國民就業等救濟性支出應優先編列」「國家應尊重軍人對社會之貢獻，並對其退役後之就學、就業、就醫、就養予以保障」「國家應依民族意願，保障原住民族之地位及政治參與，並對其教育文化、交通水利、衛生醫療、經濟土地及社會福利事業予以保障扶助並促其發展，其辦法另以法律定之。對於澎湖、金門及馬祖地區人民亦同」等宣示。

社會安全權新提案，實施全民基本收入

面對人工智慧時代造成的工作機會流失，政府需要積極作為，從社會經濟層面確保人民最低生存限度，其中值得思索的概念就是「全民基本收入」。從一五一六年湯瑪斯．摩爾（Sir Thomas More）《烏托邦》《Utopia》描繪藍圖，到晚近菲利普．范．帕雷斯（Philippe Van Parijs）建立全球網絡，全民基本收入倡議一波接一波，印度、荷蘭、芬蘭、加拿大、英國等國家更在境內試點實驗，以為未來正式實施預做準備。

全民基本收入，指的是由國家發放，人人都可定期定額領取的收入，其發放的對象是國境內經常性居住的人民，不分收入多寡、家庭狀況，不設行為條件，每一位成人同等金額，自由決定用途，讓人民維持基本飲食、醫療、居住與學習水準。全民基本收入發放金額可以分階段滾動調整，隨著國民所得增長與基金規模擴大而漸進提高。從台北擁有千億資產的郭台銘，到花蓮

為生活奔忙的單親媽媽，再到屏東剛畢業的社會新鮮人，每個月都能領到這筆收入。

全民基本收入最常引起好奇的，就是這筆錢究竟從何而來？全民基本收入的資金財源主要來自於稅收、政府預算等。稅收方面，政府應重整租稅制度，調整稅率、租稅減免與免稅額，減少發放主要流向財團與資本家的各式補貼。這些補貼正當性低，造成累退稅效果，無助經濟增長，不符經濟效益。個人免稅額不僅受惠者往往是高收入者，也造成愈來愈多成年人不用繳稅。開源還可以考慮增收加值稅、生態稅、富人稅、人工智慧稅、數據資料使用費等，整合民間慈善機構與非政府組織的捐助。政府預算方面，體檢公共服務支出，重排優先順位，節省行政支出。

由於全民基本收入等社會安全權，高度仰賴政府財政負擔能力，整體財源管理上，最理想方式是建立新生的主權基金，固定提撥、壯大資本、專款專用、永續經營。實施全民基本收入，不需要成立新的政府機構，在既有組織中就能運作，現金轉帳給人民，如同公司配發股息給股東。政府只要妥適做好預算管控，方能從點、線、面逐步開展推行。

經濟與社會善循環

全民基本收入能帶給經濟正向循環，除了實現《憲法》保障的社會安全權，同時扮演總體經濟循環中自動穩定因子角色，帶來永續經濟成長。全民基本收入提升低收入者購買力，資金流向國內商品與服務，提振消費總體需求，創造更多就業機會，降低物價，促進經濟成長。由於全民基本收入帶來經濟安全感，年輕人更願承擔創業風險，鼓勵開創精神。工作不再是一種為老闆付出、餬一口飯的苦差勞動，轉而成為一種能盡情發展自我的創造性活動，例如：開創小規模營利事業。

即使繼續為老闆工作，員工更有能力協商合理工資，遠離剝削的工作環境。人們也被鼓勵從事家務、照護、社區、創意與志願服務工作，使得孩童、長輩與身障者受到妥適照顧，促進社區與社會發展。各項經濟活動更關照生態保護與環境永續。

全民基本收入也能帶給社會正向循環，公平有效率，落實《憲法》保障平等權，促進性別、世代、弱勢平等，實現人際正義。若人民學會財務管理，生活水準提升，將能夠掌握自己時間與命運，增進個人自由。女性更能發展自我，擺脫傳統文化支配力量，改善性別平等，提升文化權。因為有固定資金增進家戶福利，孩童、長者、身障者等人民的營養、健康與身心狀況獲得改善，犯罪與虐待事件減少，幫助政府降低醫療、社工、司法的支出。家庭成員關係愈加融洽，家長有更高意願將資源投注在子女教育，青少年情緒與行為穩定度高，表現平易近人與認真負責的人格特質。這些都是在過去試點計畫中發現的現象，全民基本收入對社會的效益遠遠超出其成本。

二十一世紀的工作型態不再是「朝九晚五」的形式運作，而是以更加自動化、彈性化與人性化的方式進行。人民終能解放既往的「勞動」，轉向真正的「工作」。人民是國家股東，有權分享國家紅利，擁抱安心與安定的生活。全民基本收入，不是讓人民有錢又不用做事，而是讓我們有機會做到更多夢想完成的事。

【4】女婚女嫁、男婚男嫁

各國精神醫學專業機構逐漸認知，各式性取向是人類演進多元性正常表現，非環境、教育與選擇可決定和改變。非異性戀者如果不能選擇做自己，反而會導致不健康的自我與社會。

現實中的親密愛人，卻成為法律上的陌生人

「妳總在我心裡，在我的渴望裡……」這是一八九三年美國衛斯理學院（Wellesley College）英國文學教授凱薩琳．李．貝茨（Katharine Lee Bates），寫給同校統計學教授凱薩琳．柯曼（Katharine Coman），表達思慕的情書。

她們從一八九〇年至一九一五年一起生活了二十五年，維繫著女女相依的波士頓婚姻（Boston Marriage）[3]。

一九一二年，府城安平二十八歲的蕭氏錦，在哥哥建議下透過媒人迎娶二十一歲歐氏葉，這門女婚女嫁婚事，有媒人與主婚人，符合時下社會網絡慣習。一九五八年，一位女同志投書聯合報，詢問台北地方法院公證處，自己能否與女友結婚？公證處答覆，結婚當事人應為一男一女，不要再動兩個女人結婚念頭了。

一九八六年，二十八歲祁家威，首次前往台北地方法院公證處，希望與男同性伴侶公證結婚，被以違反善良風俗拒於門外。一九九六年，作家許佑生與烏拉圭籍摯愛葛瑞（Gray Harriman），公開熱鬧舉行台灣首次同志婚禮，

3 編按：衍伸自英美小說家亨利．詹姆士（Henry James）小說作品《波士頓人》（*The Bostonians*），指涉十九世紀末新英格蘭地區兩位獨立、受過良好教育女性的同居關係。

時任台北市政府社會局局長陳菊坐主桌，致贈紅底金字「相愛是人權」喜幛，只是這門婚姻仍未具法律效力。男同性伴侶陳敬學與高治瑋，二〇〇五年文定、二〇〇六年宴客、二〇一一年結婚登記遭拒。二〇一四年，三十對同性伴侶集體前往台北市中正區戶政事務所結婚登記被拒。

相愛的同性伴侶們受制於舊法律而無法成婚，現實中的親密愛人卻在法律上成了陌生人，嚴重影響兩人人工生殖、代理孕母、孩童收養、戶口申報、保險規畫、親屬扶養、租稅減免、緊急醫療與財產分配等權利。縱使二〇一五年起，高雄市、台北市、台中市等各地方政府相繼開放同性伴侶註記，由於不是結婚登記，身分證、戶口名簿等戶籍資料配偶欄仍不會出現同性伴侶名字，只能零星提供家屬認可、勞動福利、社宅申請、護照代辦、手術同意等權利。

台灣現行《民法》早已開放單身收養、繼親收養、親戚收養、共同收養、接續收養等，但二〇一六年仍有超過百對生活在一起同性伴侶與其子女被法律忽視。法籍台大教授畢安生，與三十五年同性伴侶曾敬超的關係不被法律承認，男友生病時沒有緊急醫療決定權，男友過世後他不能繼承兩人共同努力累積的房屋與汽車等財產，生活只能仰人鼻息、鬱鬱寡歡，二〇一六年選擇揮手告別人世。

婚姻與家庭權保障

婚姻與家庭權內涵為適婚年齡者有合意結婚、組成家庭、收養子女等權利，配偶、住所、財產、扶養、繼承、離婚、監護等婚姻親屬事項，應顧及人性尊嚴與性別平等。婚姻與家庭權受到國際人權公約關注，一九四八年《世界人權宣言》主張成年男女有權婚嫁與成立家庭，不受種族、國籍與宗教等限制。男女雙方自由完全承諾締結婚約。婚姻結合與解除，具有平等權利。家庭是社會自然基本團體，受國家與社會保護。

一九六六年《公民與政治權利國際公約》與《經濟社會文化權利國際公約》進一步確立，國家應訂定辦法保護子女，尤其當婚姻關係消滅時。一九七九年《消除對婦女一切形式歧視公約》重視國家應採取一切適當措施，消除女性在婚姻與家庭關係事務上所受歧視，無論在配偶選擇、婚約締結、職業選擇、財產處置、子女事務、選擇姓氏等，女性均有與男性相同權利。

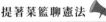

一九七三年，美國精神醫學會將同性戀從《精神疾病診斷與統計手冊》（*Diagnostic and Statistical Manual of Mental Disorders*）中刪除，同性戀者不再被視為精神疾病或不成熟者。一九九〇年，世界衛生組織做出相同決定。各國精神醫學專業機構逐漸認知，各式性取向是人類演進多元性正常表現，非環境、教育與選擇可決定和改變。非異性戀者如果不能選擇做自己，反而會導致不健康的自我與社會。

早期國際人權公約提到婚姻與家庭權時雖然多使用男女一詞，其主要強調婚姻由兩人構成，當代可擴張解釋包含同性婚姻等。二〇〇一年，荷蘭成為全球第一個實施同性婚姻合法化國家。二〇一五年，美國聯邦最高法院宣布，依據《美國憲法》（*Constitution of the United States of America*）增修條文正當法律程序與平等法律保護原則，同性伴侶應享有與異性伴侶相同婚姻權。二十一世紀初葉，西班牙、加拿大、南非、挪威、比利時、瑞典、葡萄牙、冰島、阿根廷等超過三十個國家，透過國會立法、行政裁決與司法解釋等方式，實現同性婚姻合法化。依據台灣師範大學副教授張宜君研究的跨國實證資料發現，同性婚姻合法化國家，因為增加生命存續多元性，顯現生育率成長、死亡率減少、平均餘命延長現象。

台灣現行《憲法》本文明定「中華民國人民，無分男女、宗教、種族、階級、黨派，在法律上一律平等」「凡人民之其他自由及權利，不妨害社會秩序公共利益者，均受憲法之保障」，後者概括人權條款乃為涵蓋種種天賦人權，以及社會形成之新興人權，婚姻與家庭權就包含其中。早期大法官也多次解釋，認為國家必須從制度建構婚姻與家庭權保障機制，只是有否含括同性婚姻沒有明說。為了爭取同性伴侶婚姻與家庭權，祁家威、陳敬學、台灣伴侶權益推動聯盟等人與團體，接力奮鬥超過三十年，走過請願、訴願、再訴願、民事訴訟、行政訴訟、異議、抗告、聲請大法官解釋等法律救濟途徑。

台灣同性婚姻合法化

二〇一七年，大法官解釋《民法》婚姻規定，沒有讓同性二人成立具有親密性與排他性永久結合關係，經營共同生活，有違《憲法》保障人民婚姻自由與平等權。有關機關應於解釋公布兩年內，完成相關法律修正或制定。至於要用何種形式達成婚姻自由之平等保護，屬於立法形成範圍。若逾期未完成相關法律修正或制定者，同性二人為成立永久結合關係，得依《民法》婚姻規定，持二人以上證人書面簽名，向戶政機關辦理結婚登記。

圖2.4 2019年立法院通過《司法院釋字第七四八號解釋施行法》，台灣成為亞洲第一個同性婚姻合法化國家，同性婚姻走向具有法律地位與保障階段，明確同性婚姻與家庭關係。

二〇一八年，九合一地方選舉結合十案全國性公民投票，其中同性婚姻有三案。依《公投法》規定，公投結果，有效同意票多於不同意票，且有效同意票達投票權人總額四分之一（約四百九十三萬人）以上者通過。「民法婚姻一男一女案」有效同意票（約七百六十五萬張）多於不同意票（約兩百九十萬張），「同性永久共同生活立專法案」有效同意票（約六百四十萬張）多於不同意票（約四百〇七萬張），兩案均通過。「同性婚姻入民法案」有效同意票（約三百三十八萬張）未多於不同意票（約六百九十四萬張），不通過。

在大法官解釋《憲法》應保障同性婚姻自由權與平等權基礎上，立法院與行政院必須處置實現「民法婚姻一男一女案」「同性永久共同生活立專法案」公投通過之內容。因此，二〇一九年立法院通過《司法院釋字第七四八號解釋施行法》，成為亞洲第一個同性婚姻合法化國家，同性婚姻走向具有法律地位與保障階段，明確同性婚姻與家庭關係。台灣婚姻平權步伐，再往前跨進。

依該法，同性婚姻兩人互負同居、扶養義務，共同協議住所，日常家務互為代理人。家庭生活費用，兩人各依經濟能力、家事勞動等分擔，衍伸債務由兩人負連帶責任。兩人一方可收養他方親生子女，有相互繼承權利，互為法定繼承人。兩人結婚、扶養、財產、收養與繼承，以及關係終止時其子女親權之酌定與監護、損害賠償、贍養費給與、財產取回，準用《民法》規定。

祁家威等人大半輩子奔勞，從一個人走出暗櫃，到一群人攜手奮進，喚醒社會重視性別意識與權利，最後終於變革法律體制。然而，同性婚姻與家庭權保障征程還未結束，跨國同婚、人工生殖、代理孕母、孩童收養、家暴防治等法制疏漏與問題，仍有待社會一起思考與解決。

PART 3

生活品味與憲法

【1】人的第二生命
【2】被濫採的網路原油礦場
【3】筆墨的力量
【4】刻在區塊鏈上的唯一

【1】人的第二生命

台灣民主化後，人格權日益受到大法官肯認為《憲法》重要基本權利，計有血緣認知權、姓名權、婚姻自主權、貞操權、兒童與少年人格權、身體權、自由權、隱私權（個人資料自主、個人生活私密領域、公開場域）、信用權、商標權、名譽權等，以維護個人主體、完整人格發展、確保人性尊嚴。

私裝監視器、網路謾罵、改名字，行不行？

二〇一三年，住在台中市一棟大樓的王姓住戶，為防止鞋子被偷等社區危害，於自家十一樓門口設置兩台監視器，監控電梯與走道，鄰居陳姓住戶認為家人與親友進出受到監視，經勸說不成後提告。二〇一五年，住在台南市一棟豪宅的王姓住戶，為防盜等原因，於自家十樓門口設置監視器，監控電梯廳與逃生梯，同層蔡姓住戶認為每日進出受到監視，也選擇提告。這兩起事件，法官均認為原告隱私權受到侵害，要求被告必須拆除監視器與賠償精神慰撫金。

二〇一四年，洪姓男子上網參與「英雄聯盟」遊戲，輸掉比賽，辱罵由電腦配對的彭姓男子「腦殘」「垃圾」等語而被提告。二〇一五年，屏東縣一位國小三年級導師，罵班上學生為「笨蛋三人組」，遭學生家長提告。二〇一八年，桃園市某科技公司周姓主管，發現公司八位員工成立LINE群組，私下以「瘋婆」「詐騙集團首腦」等語謾罵因而提告。這三起事件，法官認為被辱罵者人格被貶損，損害名譽權，無論是在真實或網路世界，個人聲譽均需受到保護，判決辱罵者須賠償、拘役（得易科罰金）等。

二〇二一年，日本連鎖迴轉壽司店在台灣推出行銷活動，於指定期間內只要身分證姓名與「鮭魚」同音同字，可享全桌最多六人免費。依照台灣現行《姓名條例》規定，字義粗俗不雅、音譯過長或有特殊原因，可以申請改名，以三次為限。為了呼朋引伴，飽餐一頓免費壽司，年輕族群掀起一波改名風潮。全國總計三百三十一人跑到戶政事務所申請改名，發揮各式創意，「賴鮭魚肚」「潘同鮭魚盡」「鮭魚全部都給我端上來」等姓名紛紛出籠，這股風潮被戲稱鮭魚之亂、鮭魚世代。

二〇二三年，台灣社會掀起#MeToo運動，藝名「黑人」的男藝人陳建州，遭前黑澀會美眉藝名「大牙」的女藝人周宜霈，以及微風女神郭源元指控多年前性騷擾。黑人與妻子范瑋琪一度委由律師發布聲明，表示大牙指控內容純屬虛偽不實，違法侵害名譽與人格甚鉅，向台北地方法院提起民事訴訟，請求賠償新台幣壹仟萬元，以及請求法院命大牙於臉書刊登道歉啟事，不過不到一個月又撤回起訴。

圖3.1 私裝監視器、網路謾罵、將名字改成「鮭魚」等，都與人格權的保障有關，在當代社會相當受到重視，稍有不慎也易引起紛爭。

隱私權、名譽權與姓名權等，均為人格權保障範疇一環，在當代社會相當受到重視，稍有不慎也易引起紛爭。

保障個人精神生活

人格權源自一般行為自由，涉及個人精神生活領域，其保障範疇廣泛。依人格權主體可分成三個層面與內涵：

- ▼自我決定：血緣認知權、姓名權、性別權、資訊自決權、婚姻自主權、貞操權、生育自主權等。
- ▼自我保護：兒童與少年人格權、生命權、健康權、身體權、安寧居住權、自由權、隱私權、信用權等。
- ▼自我表現：肖像權、商標權、聲音權、著作權、名譽權、故人追慕權等。

自然人與私法人，都屬於人格權保護主體，避免個人私密生活領域受到侵犯，以維護個人主體與人格完整，彰顯人性尊嚴。

人格權為人類社會近代形成的新興權利，各國漸趨提高其保障地位。一九四八年《世界人權宣言》與一九六六年《公民與政治權利國際公約》均強調，任何人之私生活、家庭、住宅與通訊不受任意侵犯，任何人榮譽與信用不受侵害。任何人有權享有防止這類侵犯與侵害發生。《世界人權宣言》更提及，任何人對社會負有義務，因為只有在社會中，其個性才可能獲得自由與充分發展。教育目的在於充分發展人格，加強尊重人權與基本自由。

一九五〇年《歐洲人權公約》（*European Convention on Human Rights*）明示每個人有權使私人與家庭生活，以及住宅與通訊受到尊重。國家機關不得干預這項權利之行使，除非在民主社會中為確保國家安全、公共安全、經濟福利、社會秩序、健康道德、他人權利等必要之依法干預。歐洲人權法院實務判決中，針對私人與家庭生活解釋廣泛，國家有積極責任予以保障。

台灣現行《憲法》本文無明文規定人格權，僅於增修條文「基本國策」篇章提及「國家應維護婦女之人格尊嚴，保障婦女之人身安全，消除性別歧視，促進兩性地位之實質平等」。台灣民主化後，人格權日益受到大法官肯認為《憲法》重要基本權利，計有血緣認知權、姓名權、婚姻自主權、貞操權、兒童與少年人格權、身體權、自由權、隱私權（個人資料自主、個人生活私密領域、公開場域）、信用權、商標權、名譽權等，以維護個人主體、完整人格發展、確保人性尊嚴。

描繪人格權圖像

大法官、憲法法庭透過連番解釋與判決，描繪出一幅幅人格權保障圖像：

▼血緣認知權：子女獲知血統來源，確定真實父子身分關係，攸關子女人格權，應受憲法保障。

▼姓名權：人的姓名為人格之表現，憲法應保障人民命名自由。

▼婚姻自主權：適婚人民而無配偶者，本有結婚自由，包含「是否結婚」以及與何人結婚」之自由，婚姻自主權攸關人格健全發展與人性尊嚴維護，為重要之基本權，應受憲法保障。同性性傾向者與異性性傾向者，對於成立親密、排他之永久結合之需求、能力、意願、渴望等生理與心理因素而言沒有不同。同性婚姻既不影響異性婚姻適用民法婚姻章有關訂婚、結婚、婚姻普通效力、財產制與離婚等規定，也沒有改變既有異性婚姻所建構之社會秩序。同性婚姻自由，經法律正式承認後，更可與異性婚姻共同成為穩定社會之磐石。

▼貞操權：個人得自主決定是否及與何人發生性行為，只是依憲法規定，在不妨害社會秩序公共利益之前提下，始受保障。性行為自由，

自應受婚姻與家庭制度制約。

兒童與少年人格權： 為保護兒童與少年身心健康、人格健全成長，國家負有特別保護之義務，應基於兒童與少年最佳利益，依家庭對子女保護教養情況、社會與經濟進展，採取必要措施。只是立法形成自由，仍不得違反憲法保障兒童與少年權利。此外，收養為我國家庭制度一環，以此形成收養人與被收養人間教養、撫育、扶持、認同與家業傳承之人倫關係，對於收養人、被收養人的身心發展與人格形塑具有重要功能。人民收養子女之自由，攸關收養人及被收養人之人格自由發展，應受憲法保障。台灣人民收養其配偶之中國籍子女，將有助於婚姻幸福、家庭和諧，以及收養人、被收養人的身心發展與人格形塑。

身體權： 個人在公共場域中，享有依社會通念不受他人持續注視、監看、監聽、接近等侵擾之私人活動領域與個人資料自主，而受法律所保護。新聞採訪者縱使是為採訪新聞而為跟追，如其跟追已達緊迫程度，而可能危及被跟追人身心安全的身體權或行動自由時，即非足以合理化之正當理由。此外，夫妻間，若一方受他方虐待，已逾越夫妻通常所能忍受程度，實屬不堪同居之虐待，亦可訴請離婚。

▼**自由權**：個人得自由決定其生活資源之使用、收益及處分，因而得自由與他人為生活資源之交換。只是因個人生活技能強弱有別，可能導致整體社會生活資源分配過度不均，為求資源合理分配，國家自得於不違反憲法比例原則範圍內，以法律限制人民締約自由，進而限制人民財產權。

▼**隱私權**：第一，公營銀行提供議會有關放款不當者資料，銀行不透露個別客戶姓名、議會不公開有關資料。第二，保障個人生活私密領域（秘密空間）免於他人侵擾。人民對於個資的範圍、時間、方式、對象等有揭露決定權，以及個資使用知悉權與控制權、錯誤更正權，此即個人自主控制個人資料之資訊隱私權。憲法規定人民有秘密通訊之

自由，目的在確保人民就通訊之有無、對象、時間、方式與內容等事項，有不受國家及他人任意侵擾之權利。國家若採取限制手段，除應有法律依據外，限制要件應具體、明確，不得逾越必要之範圍，所採行程序並應合理、正當。第三，警察實施臨檢要件、程序，與對違法臨檢行為救濟，均應有法律明確規範。

信用權：羈押與拘禁，喪失人身自由，造成心理上嚴重打擊，重大影響其名譽與信用。這種干預人身自由最大強制處分，僅能作為保全程序最後手段，宜慎重從事，除非已經具備法定條件且認為有必要者，不然不可輕率行使此手段。基於人身自由保障，此手段的合法、必要與否，應當由獨立審判機關，依法定程序予以審查決定。

商標權：擁有名稱與組織的非法人團體，對外自主行使商業行為與事務已有些年，具有社會知名度，利益受保護。無論此團體是否從事公益，都是商標法保護對象，受憲法保障。

▼**名譽權：**法律可以對言論自由依其傳播方式為合理限制。憲法法庭主張，民法所規定「其名譽被侵害者，並得請求回復名譽之適當處分」，其中之「適當處分」應不包括法院以判決，要求侵害他人名譽加害人向被害人公開道歉情形，才能兼顧保障人民言論自由與思想自由。

大牙指控黑人性騷擾一案，被黑人夫妻一度向法院請求在臉書刊登道歉啟事，依照最新憲法法庭見解，此項請求無法成立。

《民法》規定「不法侵害他人之身體、健康、名譽、自由、信用、隱私、貞操，或不法侵害其他人格法益而情節重大者，被害人雖非財產上之損害，亦得請求賠償相當之金額。其名譽被侵害者，並得請求回復名譽之適當處分。」其中提到的「請求回復名譽之適當處分」，法官是否能判決命令加害人登報道歉等強制公開道歉方式，大法官以往認為可以，現在主張不行。

民事審判實務上曾有法官判決命令登報道歉例子，因此二〇〇九年大法官解釋，法院在權衡侵害名譽情節輕重、當事人身分及加害人經濟狀況等情形，認為諸如在合理範圍內，由加害人負擔費用刊載澄清事實聲明、登載被害人判決勝訴啟事，或將判決書全部或一部登報等手段，仍不足以回復被害人的名譽者，法院以判決命令加害人公開道歉，作為回復名譽適當處分，沒有逾越必要程度，但此強制公開道歉手段只限於「未涉及加害人自我羞辱等損及人性尊嚴情事者」。

時光來到二〇二二年，憲法法庭則認為「請求回復名譽之適當處分」應不包括法院以判決命令加害人公開道歉的情形，才能符合《憲法》保障人民「言論自由」與「思想自由」。從言論自由角度，強制公開道歉是直接干預人民是否，以及如何表達其意見或價值立場的自主決定，這已經干涉高價值言論內容。何況，非出於本人真意的道歉不是道歉，而是違反本意的被道歉。從思想自由角度，一個人是否願意誠摯向他人認錯與道歉，這與個人內心的信念與價值有關，不需法院撈過界干預。強制公開道歉是強制人民不顧自己真實意願，表達違反自己良心與價值信念的意見，讓道歉者產生自我否定、自我羞辱的負面效果，損害道歉者的內在思想、良心與人性尊嚴。

環顧當代，新科技便利新生活，但伴隨而來加深人民對於侵害資訊自決權、隱私權等新隱憂。姓名權、肖像權、商標權、聲音權、著作權等智慧運用，縱然帶來可觀商業利益，不過任意侵犯，恐將吃上官司，擔負損害賠償責任。

【2】被濫採的網路原油礦場

人人擁有數位自主權，自我能定義數位分身，拒絕被追蹤、蒐集、歸類與預測，同時也有權檢視、儲存、修改與刪除個資，決定個資傳輸與分享，充分掌握行旅網路世界足跡。

數位自主權失守

隨著網際網際的進步發達，人們時常流連於ChatGPT、Google、Line、Instagram、Netflix、Facebook等平台，甚至是暗藏危機的TikTok與小紅書等應用程式中。大數據、物聯網、數位身分、人工智慧等數位科技洪流滾滾而來，大幅改善與便利人類的生活，驅動第四波工業革命。

元宇宙為虛實共存空間，人們可自由穿梭，感受前所未有的超現實互動體驗。孩童在歷史課中穿越時空，來到百年前淡北古道，見證馬偕博士行旅鄉里，為凱達格蘭族人領唱聖詩、拔牙、傳道，也能瞭望覆蓋陽明山丘積雪。元宇宙引爆新一波網路變革風潮，但也時有所聞虛擬角色被霸凌、跟蹤、偷拍、性騷，以及利用深偽技術（Deepfake）製作成人影片、聲音詐騙等負面應用。

從網路進化到元宇宙時代，爭議始終不斷，諸如原始碼軟體封閉化、數位監控、數位平台宰制公共空間、性別與種族偏見和歧視持續被機器學習吸納、人工智慧技術引發倫理問題、平台演算法不友善等，其中尤以網路行為個資隱私受到侵犯最受關注。網路時代，外洩個資常見範圍在姓名、電話、地址、電郵等；元宇宙時代，外洩個資涵蓋層面廣達種族、性別、面容、皮膚、體格、心跳、位置、對話與行動等身體行為數據。

為了追求便利，人們選擇使用網路銀行、智慧型手錶與家電等行動裝

圖3.2 隨著科技進步、網路發達，我們生活在一個充滿窺視環境中，無論是在網路或現實世界。人們並不想放棄數位自主權，卻愈來愈無能為力，網路世界不再是自由、開放與安全的公共空間。

置，下載各式各樣方便的APP。這些網路裝置同時也成為貼身記錄者，追蹤人們在線上搜尋、瀏覽、點擊等經驗數據，建立每個人在網路世界形貌，形塑我們自身想法、飲食、消費等偏好，更透露商業利益所在，成為商業公司競相蒐集、販售、分析、行銷與變現的原油礦場。

新冠肺炎疫情肆虐下，各國政府以防範疫情擴散之名，強化社交距離APP、人臉辨識等監控科技。民主國家連結民間公司布建天網，獨裁國家乾脆不加掩飾，美其名為社會信用體系，以數位監控達成社會控制目的。我們生活在一個充滿窺視環境中，無論是在網路或現實世界。人們並不想放棄數位自主權，卻愈來愈無能為力，網路世界不再是自由、開放與安全的公共空間。

擁抱數位權

在二十一世紀，使用網路不是奢求，而是權利，數位權應運網路與元宇宙時代而生。人人有權享有高速寬頻上網服務，在網路中享有隱私權、言論自由等權利。網路行為數據必須嚴加管制，避免被濫用。由於網路發展不均衡結果，加深社會與經濟不平等，進步通訊協會（Association for Progressive Communications）於二〇〇一年制定《網際網路權利憲章》（*APC Internet Rights Charter*）。該憲章沿用一九四八年《世界人權宣言》、一九七六年《公民與政治權利國際公約》與《經濟社會文化權利國際公約》、一九七九年《消除對婦女一切形式歧視公約》等權利概念，以保障下列七大主題中的數位權利。

▼**人人享有網路服務**：網路可以強化教育衛生、資訊取得、商業活動、

公民參與、良善治理與消除貧窮，人人有權使用網路改善生活，包括身心障礙者、不識字者、少數民族。公共場所應設置無線網路，鼓勵網站語言多樣性。

▼言論與結社自由：人人在網路能自由表達意見、分享訊息，不受政治審查，以及參與、組織陳抗活動。

▼吸收知識：人人都可以獲取各國政府與國際組織公開上網資訊。

▼共享學習與創造—免費與開放原始碼軟體和技術發展：網路服務提供者，應保護網路上之共享學習與創作。政府應制定政策，鼓勵使用開放原始碼軟體，強化知能。新技術發展，必須符合社會各階層需要，特別是弱勢者。網站內容與所有權，朝向多元化。

▼隱私、監視與加密：公部門或私部門必須符合透明隱私政策，只能在必要時以最低限度、最短時間等蒐集個人資料，並通知當事人目的與過程。人際間交流不受監視，保有秘密通信。

▼**網路治理：**網路為一個整體，網路建構與標準應公開，平等對待網路流量。國際組織、公部門、私部門、第三部門，應充分參與網路多邊與民主治理、決策透明。

▼**權利認識、保障與實現：**數位權應該受到國際人權宣言、法律與政策保護。國際與區域組織、各國政府，必須透過公共教育，免費讓人們瞭解網路權利資訊，以及當權利受到侵犯時取得有效與負責救濟途徑。

伴隨數位時代而來的巨大人權風險，迫切需要一份確保人性尊嚴與社會正義的社會契約，因此二〇二〇年《全球數位人權宣言（草案）》（*The draft Declaration of Global Digital Human Rights*）形成，強調讓每個人擁有通往數位文明機會的數位權。

- 人人都有進入全球網路權利。

- 保護遺傳資訊、健康數據等個人資料權利。
- 人工智慧創造、使用、引進與發展，應顧及人類利益、完整性與生活品質。
- 人人平等取得新技術帶來之機會，包括取得教育、勞動、醫療保健與基本社會服務。
- 人人可以無礙使用新技術，運用行使於個人、社會、經濟、政治與文化權利。
- 透過數位技術，參與全球、區域和國家層面的社會進程管理權利。
- 新技術禁止用於全面監控。
- 新技術禁止用於戰爭與人權侵犯。

這份宣言在「個資不可侵犯性」篇章中強調，人人皆有隱私權與個資保護權，特別是保護基因、生物辨識與健康的數據。人人都有知情權與被遺忘權，能控制數據蒐集、運用、分享、更正、刪除與銷毀。

二〇二二年《未來網際網路宣言》（*Declaration for on the Future of the Internet*），台灣參與簽署，強調為每個人，特別是女性、兒童、青年，打造安全有保障網路環境；避免政府強制關閉網路，封鎖合法內容；避免政府濫用網路或演算法進行非法監控與壓迫，包括實施社會評分卡等社會控制機制、任意拘捕；加強對虛假與錯誤資訊抵抗能力，並打擊網路犯罪；防止透過網路，破壞選舉程序與設施，包括操控不實資訊。

台灣現行《憲法》未將數位權納入基本權利，然而，大法官解釋曾明示隱私權為基本權利，個人對於個資有揭露決定權，包括範圍、時間、方式、對象。除此，個人還有使用知悉權與控制權、錯誤更正權，以維護人性尊嚴、個人主體與人格發展。

自己的資料自己控制

雖然放上網的資料，經常如同斷了線的風箏，一去不復返。然而，政府、企業、系統設計者等都有責任，共同建立數位民主化，保持網路平台中立，透明網路與元宇宙世界演算法，實現平等、倫理與正義原則。政府與企業有責任建置使用個資、演算法，且人民易於理解的透明化機制，而非總是形式化埋藏於冗長難懂服務條款中。除非有正當法律目的與程序，否則政府與企業不得任意使用個資，也無權出售個資予數據蒐集商、販售商與廣告商，如同醫師與律師負有保密義務一般。生活家用品軟體原始碼能有查核措施，或是開放公眾檢視，確保不被黑心廠商惡意編寫操控，只為逃避環保、安全等規範。

歐盟對於隱私權規範措施，逐漸成為世界標竿。二〇一八年歐盟《一般資料保護規則》（*General Data Protection Regulation*，GDPR）正式生效，建立隱私權保障新里程碑。企業無法再任意濫採個資，個資所有權屬於個人。個人可以選擇保留，也可以選擇被遺忘。台灣雖然不屬於歐盟會員國，但是該規則效力不限於歐盟會員國境內，凡牽涉歐盟會員國人民個資都適用，由個資監管機構負責監督與處罰。

展望未來，人人可以在擁有匿名性、隱密性、安全性與自主性等保障隱私權網路空間中自由翱翔。人人擁有數位自主權，自我能定義數位分身，拒絕被追蹤、蒐集、歸類與預測，同時也有權檢視、儲存、修改與刪除個資，決定個資傳輸與分享，充分掌握行旅網路世界足跡。有些資訊屬於個人，有些資訊則屬於群體，對於公眾健康、安全等有價值資訊，可成為數位公共財，增進人類思想與知識流通。

現實世界依然美好，人們未必要全天候依賴各式裝置，黏著於網路空間中，陷入數位成癮症。人人擁有不被全年無休網路所綁架，能充分享受閒暇時光，融入家庭、同儕與社區生活的離線權。

【3】筆墨的力量

出版自由是憲法中重要制度性基本權利，保障出版業獨立、自主與自由運作。出版事業主與從業人員，如社長、總編輯、編輯、主筆、記者、企劃、行銷等，均為出版自由受到保障對象。

一枝筆撼動政權

二〇二三年三月二十一日，八旗文化總編輯富察（李延賀）前往中國上海市，遭到上海市國家安全局，以涉嫌從事「煽動分裂國家」刑事犯罪活動逮捕調查。富察原是中國籍，二〇〇九年起在台灣定居，近年取得台灣身分證，這趟上海行就是要辦理註銷中國戶籍。他帶領的出版社編輯過秦漢時代庶民生活、中共黨國治理、中共新疆政策等主題書籍，主要在台灣流通，在中國列為禁書未上市。中國政府試圖以此形成寒蟬效應、自我審查，嚇阻台灣出版業與作家。

前些年，香港也發生「銅鑼灣書店事件」。一九九四年，林榮基在香港創立銅鑼灣書店，販售歷史、政治、文藝類等書籍。二〇一四年，銅鑼灣書店轉賣予巨流傳媒有限公司，林榮基留任店長。二〇一五年年底，從店長林榮基，到老闆桂民海與股東、經營者與業務經理等五人，一個又一個分別在泰國、深圳、香港等地遭中國特務秘密逮捕，暗查出版習近平情史相關書籍的計畫，設法扣押資料、阻止出版。

五人蹤跡現身在《澎湃新聞》、《凰鳳衛視》、《星島日報》與《環球時報》等，上演官方排定「被認罪」橋段後才相繼釋放，只有桂民海於二〇二〇年遭浙江省寧波市中級人民法院，以違反《中華人民共和國刑法》「為境外竊取、刺探、收買、非法提供國家秘密、情報罪」，判處十年有期徒刑。此事件驚動國際社會，因其不僅侵害《香港基本法》中對於保障人身自由、言論自由、出版自由等權利，還有中國政府對於香港實施「一國兩制」的約定。

出版自由的意義

出版是一種向社會大眾傳播政治、經濟與文化等言論，將作品及其背後意涵公之於眾的形式；出版自由具有提供資訊、抗衡政府、融合社會等功能，有助社會大眾形成與表達公共意見。出版自由是《憲法》中重要的制度性基本權利，保障出版業獨立、自主與自由運作。出版事業主與從業人員，如社長、總編輯、編輯、主筆、記者、企畫、行銷等，均為出版自由受到保障對象。

出版自由重視保障各式出版品，不僅包含報紙、期刊、雜誌等定期出版之印刷品，以及書籍、海報、傳單等不定期出版之印刷品，也包含錄音帶、錄影帶、光碟片、影音檔、電子書等科技新品，無論出版品內涵是否具有價值與達到一定水平，但限制部分涉及猥褻等內容。

成立機構、資訊取得、事件報導、意見表達、上市流通等，均為出版自由保障範圍，防止事前審查、搜索檢查、限制出版、要求證言等政府干預行動。

十八世紀中葉至十九世紀中葉，全球《憲法》制定浪潮中，基本權利最受在乎的就是出版自由，高過人身自由、言論自由、集會自由與遷徙自由等，以確保《憲法》文本等印刷傳播能在海內外暢通無阻。

國際人權公約將出版自由列入表現自由保障範疇，一九四八年《世界人權宣言》揭示人人有權享受意見與發表的自由，包含保持意見不受干涉的自由，以及透過任何媒介與不分國界，尋求、接受與傳播消息及思想的自由。一九六六年《公民與政治權利國際公約》重申人人有發表自由的權利，包含

圖3.3 雖台灣現行《憲法》本文「基本權利」篇章明確指出「人民有言論、講學、著作及出版之自由」，但在戒嚴時期，出版自由卻被嚴加限制。

以語言、文字或出版物、藝術或自己選擇的其他方式，不分國界，尋求、接受與傳播各種消息及思想的自由，除非基於「尊重他人權利或名譽」「保障國家安全、公共秩序、公共衛生、風化」所必要，才得以法律限制。

台灣現行《憲法》本文「基本權利」篇章明確指出「人民有言論、講學、著作及出版之自由」，只是在戒嚴時期，出版自由被嚴加限制。大法官解釋補充，出版自由為民主憲政基礎，出版品是人民表達思想與言論重要媒介，可藉以反映公意、強化民主、啟迪新知，促進文化、道德、經濟等各方面發展。然而，出版品無遠弗屆，對社會具有廣大而深遠影響，故享有出版自由者，應基於自律觀念，善盡社會責任，不得有濫用自由情事。其有藉出版品妨害善良風俗、破壞社會安寧、公共秩序等情形者，國家自得依法律予以限制。

針對猥褻出版品規範，大法官進一步解釋指出，猥褻出版品是指一切在客觀上，足以刺激或滿足性慾，並引起普通一般人羞恥或厭惡感而侵害性的道德感情，有礙於社會風化的出版品。猥褻出版品與藝術性、醫學性、教育性等出版品的區別，必須觀察出版品整體特性與目的，並依當時社會一般觀念來做決定。又有關風化的觀念，常隨社會發展、風俗變異而有所不同，主管機關所做的釋示，不能一成不變，而要基於尊重《憲法》保障人民言論出版自由本旨，兼顧善良風俗與青少年身心健康維護，隨時檢討改進。至於個別案件是否已達猥褻程度，法官於審判時應就具體案情，依其獨立確信判斷，認定事實，適用法律，不必受到行政機關函釋的拘束。

大江東流擋不住

出版事業具有巨大社會影響力，往往令政府投鼠忌器。台灣在威權統治時期，出版自由大受侵害，警備總部揮舞《出版法》《臺灣省戒嚴期間新聞紙雜誌圖書管制辦法》《臺灣地區戒嚴時期出版物管制辦法》等出版管制利劍，以出版品有軍事消息、政治機密、共產主義、詆毀元首、違背國策、影響民心、危害治安、挑撥感情等為由，展開一波波調查、扣押與查禁行動。

許多當今耳熟能詳的作品，如泰戈爾（Rabindranath Tagore）《漂鳥集》（*Stray Birds*）、馬克思（Karl Marx）《資本論》（*Das Kapital*）、吳濁流《無花果》、魯迅《阿Q正傳》、江南《蔣經國傳》、金庸《天龍八部》與《射鵰英雄傳》、廚川白村《苦悶的象徵》（苦悶の象徵）、馬克吐溫（Mark Twain）《湯姆歷險記》（*The Adventures of Tom Sawyer*）、雷震《雷震回憶錄》、史明《台灣人四百年史》、林漢達《英文文法ABC》等都被列為禁書，但往往適得其反，愈禁愈暢銷，民間還自發形成一股搶購黨外雜誌的風潮。

一九六〇年，《自由中國》雜誌接連刊登〈敬向蔣總統作一最後的忠告〉〈我們為什麼迫切需要一個強有力的反對黨〉〈大江東流擋不住〉等違逆當道文章，警備總部因而逮捕創辦人雷震，檢察官以叛亂罪起訴。在蔣介石指示「刑期不得少於十年」「覆判不能變更初審判決」下，雷震終被軍事法庭判處十年有期徒刑入獄，雜誌被迫停刊。

依據陳慈陽教授所提出的「憲法同心圓理論」，人權保障從人性尊嚴開始，到行為自由、表現自由等第一代人權，再到財產權、工作權與生存權等第二代人權，最後擴展至族群權、環境權、文化權等第三代人權。愈核心價值權利，政府愈要呵護，不得任意限制與侵害，而行為自由、言論自由、出版自由，都屬於《憲法》核心價值權利。

當前出版自由比起過往受到相當保障，然而《電影法》所規定「電影片、電影片之廣告片非經中央主管機關審議分級並核准者，不得映演。但教育行政機關主管之教學電影片，不在此限」仍保有事前審查制度。公民社會需要持續監督政府實際執行方式與作為，避免逾越出版自由界線，以維持台灣社會得來不易的自由、多元、開放言論與思想空間。

【4】刻在區塊鏈上的唯一

藝術被重新賦權，成為可以自我實現的事業，提高藝術家職業尊榮。NFT帶來全新模式與價值，NFT藝術品成為一種新的藝術行為、表現、展演與推廣模式。

加密代幣浪潮

美國平面設計師與動態藝術家邁克．溫克曼（Mike Winkelmann，又名Beeple）擅長創作數位影片與畫作，作品時而回應時代，時而嘲諷政治，顛覆手法成為他獨具的創作個性。二〇二一年三月十一日，Beeple巨型拼貼作品《每一天：前五千天》（*Everydays-The First 5000 Days*）以六千九百三十四萬六千兩百五十美元天價成交，這是佳士得第一件拍賣的NFT數位藝術品，不僅為在世藝術家作品空前第三高價，更創下數位作品空前拍賣紀錄。

Beeple大學就讀資訊工程領域，非藝術學院科班出身，曾從事網頁設計工作。他自二〇〇七年五月開始，天天上傳作品至〈每天〉（Everydays）專欄，持續十四年未中斷。Beeple從初始的速寫，到晚近採數位藝術創作，政治漫畫作品風格前衛、辛辣、詭異與奇幻。《每一天：前五千天》作品締造拍賣奇蹟，驚動藝術圈，繪畫、音樂、戲劇等藝術創作者紛紛探詢與進入NFT世界。台灣影劇《國際橋牌社二》跟進發行NFT數位影片，限量一百組，開放上線二十分鐘完售。

加密代幣浪潮，正在席捲藝術圈……。

藝術自由的高度保障

藝術自由屬於自由權中的表現自由，除了傳統的音樂、繪畫、文學、建築，也包含現代的街舞、NFT等，凸顯演變性與發展力。藝術家從事藝術創作、展演等活動，均屬藝術自由的基本權利主體。創作者依其養成與培力，經由語言、文字、圖像、動作等特定媒介形式做表達，彰顯創作者人格。無論政府是否對於藝術作品採取內容審查，均不影響藝術行為與表現的自由創作權利。

藝術自由保護領域有兩個層面，第一是藝術行為與表現的作品層面；第二是藝術品展演與推廣的作用層面。作品層面保護程度高於作用層面，即使如此，政府若干涉作用層面，仍屬侵害藝術自由。國家有責任與使命，藉由價購、補助、稅減、獎勵等措施，發展人民藝術生活，鼓勵藝術創作。

一八八六年《保護文學與藝術著作之伯恩公約》（*Convention de Berne*

Pour la protection des oeuvres littéraires et artistigues）為跨國合作處理藝術家著作權遭受侵害的問題。此公約以國民待遇原則、最低限度保護原則、自動保護原則、獨立保護原則等四大原則，保護藝術家著作權。

- **國民待遇原則**：藝術家作品在所有條約簽署國，均受到該國對於自身國家著作人相同權益的保障。
- **最低限度保護原則**：條約簽署國對於外國藝術家提供著作權等保護，其條件不得低於條約所設定的最低要求標準。
- **自動保護原則**：藝術家作品自動享有條約所保障的權利，不需將作品進行登錄、通知等程序。
- **獨立保護原則**：藝術家可向請求保護國家，依該國家法律規定進行著作權保護與救濟，不問該作品在其他國家規範保護情形如何。

一九六六年《公民與政治權利國際公約》明示：「人人有發表自由之權利；此種權利包括以語言、文字或出版物、藝術或自己選擇之其他方式，不分國界，尋求、接受及傳播各種消息及思想之自由」。《經濟社會文化權利國際公約》明示人人有權「參加文化生活」「對其本人之任何科學、文學或藝術作品所獲得之精神與物質利益，享受保護之惠」。

台灣現行《憲法》本文「基本權利」篇章未列舉藝術自由，但不妨礙其具有基本權利性質，亦受《憲法》概括人權條款保障。台灣現行《憲法》本文在「基本國策」篇章提及「國家應保障教育、科學、藝術工作者之生活，並依國民經濟之進展，隨時提高其待遇」「國家應獎勵科學之發明與創造，並保護有關歷史、文化、藝術之古蹟、古物」，《憲法》增修條文則揭示對於多元文化、文化經費等保障。

針對街頭藝人藝文活動，大法官解釋闡明藝術為個人能力展現，為人類文明重要指標，藝術表現自由屬人民表現自由一環。人民透過藝術表演活動，表達創作理念以實現自我，依其藝術創作種類與表現，在知性、感性層面，尋求與表演對象的意念溝通及相互理解、共鳴，故人民得充分表現藝術自由，不僅屬《憲法》所保障表現自由的範疇，甚至屬於具有高價值言論，應受《憲法》高度保障。

李鴻禧教授等《台灣憲法草案》也倡議主張，藝術自由應明定在《憲法》當中，保障藝術創作行為、表現、展演與推廣自由，維護創作者精神與物質權利。

重新賦權的藝術事業

NFT指的是無可取代代幣（Non-fungible token），建置在區塊鏈上的虛擬代幣。這是一種數位證明書，認證區塊鏈中數位物件所有權歸屬者，可廣泛應用於虛擬與現實世界，包括藝術、身分、證書、許可、遊戲等領域。

圖3.4 藝術品難免被廣泛複製與傳播，但是開啟NFT就能追溯正牌藝術品在誰手中，確保藝術品唯一性。

在虛擬世界中，NFT對應各式數位物件；在現實世界中，各種實體物件亦能綁定NFT，虛實整合，認定物件所有權人。NFT物件擁有者，持有該物件數位正本圖像與一枚NFT。NFT中儲存該物件原創者簽名、元數據、買賣歷程紀錄。NFT物件擁有者，掌握獨一無二的專屬標籤編號，可作為原生處、真實性與所有權的證明書。此證明書無法刪除、交換、分割、複製與竄改，能有效區別複製品與仿冒品，致使該物件產生高價值。物件擁有者可自行決定將物件轉售或讓渡。

目前NFT平台大多創建於以太坊區塊鏈，用以太坊[4]作網絡動力來源與交易媒介。市面上知名NFT藝術品買賣平台有Binance、CryptoSlam、MakersPlace、Nifty Gateway、OpenSea、SuperRare，台灣也有Fansi、Lootex、OwlTing等，主要用以太幣等數位貨幣買賣交易。

藝術家進入區塊鏈平台，設定條件滿足時可自動執行的「智能合約」，接著上鏈讓這份藝術品與代幣相連，即擁有這份藝術品的NFT。區塊鏈上數百萬部電腦形成的數百萬節點，同步記錄這份作品誕生，日後交易歷程也會記錄在區塊鏈上，任何人都無法竄改。藝術品難免被廣泛複製與傳播，但是開啟ＮＦＴ，就能追溯正牌藝術品在誰手中，確保藝術品唯一性，彰顯收藏價值。藝術家在平台上出售藝術品，不只獲得該次收入，日後藝術品每一次轉手，在智能合約自動化交易與執行下，藝術家都能收取一定比例版稅。每一枚ＮＦＴ數位代幣，都可轉化為實體的法定貨幣。

無論是藝術品收藏者，或是藝術品投資者，更易在ＮＦＴ平台上進行藝術品交易。藝術家可自行將藝術品上架ＮＦＴ，自由買賣作品，降低被畫廊、中間商等第三方抽成與剝削風險。藝術品愈交易、愈增值，藝術家擁有持續性收入，支持其源源不斷的創作生涯。藝術被重新賦權，成為可以自我實現的事業，提高藝術家職業尊榮。ＮＦＴ帶來全新模式與價值，ＮＦＴ藝術品

4 編按：以太坊是一個去中心化的開源、具智慧型合約功能公共區塊鏈平台。

成為一種新的藝術行為、表現、展演與推廣模式。

區塊鏈全過程記錄的特性，大大提高NFT藝術品在智慧財產權的保障，在藝術家充分自主、創新與表現下，挑戰傳統邊界，想像理想世界，蓬勃公民社會。

PART 4

居住、遷移與憲法

【1】小明歷險記

小明的父母最終為小明選擇了中國戶籍，小明成為中國人民。小明沒有台灣戶籍，台灣法制視小明為特殊外國人，入境台灣需經主管機關許可。小明的父母卻有意讓小明在台灣長大，依規定只能循序申請長期探親、專案長期居留，才能留在台灣。

小明團聚慶新年

二〇二〇年春節前夕，小明跟著媽媽前往中國，探望許久不見的外公與外婆，一家人團聚慶新年。年假過後，小明準備跟著媽媽搭機回到台灣。未料，新冠肺炎疫情燃起，台灣政府加強邊境管制，小明懷著一顆忐忑不安的心，不知能否順利啟程，返回台灣的家。媽媽著急聯繫仍在台灣的小明爸爸，趕緊向「大陸委員會」陳情，盼望小明能安然入境台灣，預備年後學校開學。

小明爸爸是台灣人，具有台灣國籍，後來到中國經商，迎娶中國籍配偶，在中國生下小明。一家三口，遷回台灣定居，但小明沒有台灣戶籍，於是向陸委會申請長期探親、專案長期居留，始能在台灣居住。小明在台灣就讀小學、國中，取得健保，逐漸適應台灣生活日常。陸委會考量小明在台灣生活已久，只是運勢不佳剛好碰到防疫邊境管制，導致無法回到台灣的家。

基於人道，陸委會決定開一道小門。待在中國的家長與小孩，若生活機能足夠，原則上不開放入境台灣。若家屬覺得小孩有需要入境台灣，只要符合「小孩是未成年」「中國親人沒有能力照顧小孩」兩條件，經提出申請，專案審查核可後，小明可以回家，不至於流浪在外。就在小明與媽媽終於鬆了一口氣之時，「中央流行疫情指揮中心」旋即推翻陸委會的決定。

指揮中心表示，邊境管制最大原則是國人優先，若任意開放邊境，造成管理、檢驗與醫療量能不足，反而變成防疫破口。權衡中國疫情發展、防疫專業評估、降低人員流動，台灣人士與中國籍配偶子女，如果不具有台灣國籍，仍滯留在中國者，不同意入境。家長在小孩出生時，沒有選擇台灣，反而選擇入籍中國，現在就必須要自己做安排與承擔。這項消息，引起小明與家人內心糾結，更引發社會對於兩千多位小明們返鄉權思考。

行為自由的價值

國家有權界定國民範圍，但無權主張與該國未有聯繫關聯性的人民為國民。國家可選擇採用屬人主義或屬地主義等方式，認定國民的國籍。國民享有基本權利，受到國家保護，但同時負有對國家忠誠義務。人身自由是一切自由權開端，以此擴及到居住自由、遷徙自由、出入國境自由等行為自由。

人民在國境內可自由決定住居所、遷徙與旅行。民主國家大多周延保障國民出入境自由，便利護照申請程序，讓國民自由出國與回國。

一九四八年《世界人權宣言》明示人人有權享有國籍，所有兒童有取得國籍權利。任何人的國籍不容無理褫奪，其更改國籍權利不容否認。人人在一國境內有自由遷徙與擇居權利。人人有權離去任何國家，連其本國在內，並有權歸返其本國。一九六一年《減少無國籍狀態公約》（*Convention on the Reduction of Statelessness*）述明，國家不得依據種族、宗教或政治等理由而剝奪任何人的國籍，導致成為無國籍人。法律規定個人喪失或被剝奪該國國籍時，其配偶或子女亦喪失該國國籍者，其配偶或子女國籍喪失，應以具有或取得另一國籍為條件。一九六六年《公民與政治權利國際公約》揭示境內合法居留的外國人，非經依法判定，不得驅逐出境，重申人人進入其本國權利，不得無理褫奪。

一九八九年《兒童權利公約》強調，所有關係兒童事務，均應以兒童最佳利益為優先考量。兒童權利與保護，不因兒童與父母的種族、膚色、性別、語言、宗教、國籍等不同而受歧視。兒童於出生後應立即被登記，有取得姓名與國籍、知其父母並受父母照顧之權利。尊重兒童維護其身分權利，包括法律所承認的國籍、姓名與親屬關係，不受非法侵害。兒童保護與照顧，父母等負有法律責任。國家應確保不違背兒童父母意願，而使兒童與父母分離。兒童或其父母為團聚而請求進入或離開時，國家應秉持積極、人道與迅速處理等原則。與父母分住不同國家的兒童，除情況特殊者外，應有權與其父母雙方定期保持私人關係與直接聯繫。國家應尊重兒童與其父母，得離開包括自己國家在內任何國家，及進入自己國家權利。離開任何國家權利，應僅受限於因國家安全、公共秩序、公共衛生等所必需。

台灣現行《憲法》本文「總綱」篇章規範，具有中華民國國籍者為中華民國國民。中華民國領土，依其固有疆域，非經國民大會決議，不得變更。「基本權利」篇章保障人民有居住與遷徙自由。凡人民其他自由與權利，不妨害社會秩序公共利益者，均受《憲法》保障。各條列舉的自由權利，除為防止妨礙他人自由、避免緊急危難、維持社會秩序，或增進公共利益所必要者外，不得以法律限制。大法官解釋也指出，人民有自由設定住居所、遷徙、旅行，包括入出國境權利。人民為構成國家要素之一，從而國家不得將國民排斥於國家疆域外。在台灣設有住所而有戶籍的國民，得隨時返回本國，無待許可。如為維護國家安全與社會秩序，而限制人民入出境權利，須以法律規定，且符合比例原則。

一九九二年以前，台灣政府對於如黃昭堂、蔡同榮、李應元、陳唐山、張燦鍙等在海外留學、工作，投入台獨與民主運動者，採取拒絕簽證或禁止入境措施，在二十世紀相當罕見。海外黑名單人士，遭限制回國自由，長年無法回台，只能在台灣同鄉聚會中吟唱〈黃昏的故鄉〉〈媽媽請你也保重〉，聊表思鄉、思親之情。

兩岸聯姻之子的抉擇

台灣現行法制，將中華民國領土固有疆域，分為「台灣地區」與「大陸地區」。「台灣地區」指台灣、澎湖、金門、馬祖與政府統治權所及地區；「大陸地區」指「台灣地區」以外中華民國領土。在領土範圍上，自視為一隻老母雞，現實當中「大陸地區」一九四九年後已由中華人民共和國統治，世界普遍認知該片土地為中國。在人民界定上，「台灣地區人民」指在「台灣地區」設有戶籍的人民；「大陸地區人民」指在「大陸地區」設有戶籍的人民。擁有中華民國國籍者為中華民國國民，國籍認定以屬人主義為主，屬地主義為輔，孩童出生時符合下列條件之一者，屬中華民國國籍：

- 出生時父或母為中華民國國民。
- 出生於父或母死亡後，其父或母死亡時為中華民國國民。

- 出生於中華民國領域內，父母均無可考，或均無國籍者。
- 歸化者。

台灣現行法制下的國民，指居住「台灣地區」設有戶籍者，或「台灣地區」無戶籍者。

國籍標示國民與國家連結關係，國民得以享權利、擔義務，彰顯一個主權國家。台灣法律體系倒是以戶籍制度，排除絕大部分「大陸地區人民」具有中華民國國籍，以及作為中華民國國民。戶籍制度雖然世界少見，但在台灣實行反而可凸顯國民與國家間真實聯繫，標記居住於台灣、澎湖、金門與馬祖等領域的中華民國國民與其家庭，才是真正落實公民權利、實施社會福利的對象。戶籍為畫分台灣人民與中國人民之基準，本質上與國籍無異，解決《憲法》上中國幻想問題。居住台灣設有戶籍國民入出國，不須申請許可；其餘無戶籍國民、外國人、中國人等，皆需經查驗或申請許可，方能入境台

圖4.1 兩岸聯姻之中國籍未成年子女，可循序申請長期探親、專案長期居留、定居。經許可定居者即可辦理戶籍登記，正式取得成為有戶籍的中華民國國民。

灣。

由於台灣與中國之間的特殊歷史境遇，台灣另以《臺灣地區與大陸地區人民關係條例》規範兩岸人民往來事項，視中國人為特殊外國人。該條例規定台灣人民不得在中國設有戶籍或領用護照，違反者將喪失選舉、罷免、創制、複決，擔任軍職、公職等權利，註銷戶籍登記，且未免除義務。台灣人民進入中國，應經一般出境查驗程序，公務員等則需向內政部等申請許可。中國人民欲進入台灣，需經主管機關許可，另可申請商務居留、工作居留、專案長期居留。

兩岸聯姻之中國籍配偶，可循序申請團聚、依親居留、長期居留、定居。兩岸聯姻之父母與子女間法律關係，依子女設籍國的規定。關於監護，受監護人為中國人民者，依中國法律；受監護人在台灣有居所者，依台灣法律。兩岸聯姻之中國籍未成年子女，可循序申請長期探親、專案長期居留、定居。經許可定居者即可辦理戶籍登記，正式取得成為有戶籍的中華民國國民。

小明為兩岸聯姻之子，在中國出生時，父母親面臨重要抉擇，到底要為小明選擇台灣，還是中國戶籍？雖然規定上，兩國只能擇一，但以往也曾發生兩岸聯姻之子被中國政府強制登入戶籍，或當事人故意隱瞞具有中國戶籍的情形。小明的父母最終為小明選擇中國戶籍，小明成為中國人民。而小明沒有台灣戶籍，台灣法制視小明為特殊外國人，入境台灣需經主管機關許可，小明的父母卻有意讓小明在台灣長大，依規定只能循序申請長期探親、專案長期居留，才能留在台灣。

二〇二〇年新冠肺炎疫情爆發初始，為減少人流移動實施邊境管制，小明與媽媽去一趟中國拜年之旅而來不及回台，只能等待暑假過後，政府鬆綁管制，陸續分梯、分齡入境。小明日後若決定要定居台灣，勢必要放棄中國戶籍，對於小明與父母而言，又是一項艱難抉擇。

【2】台北好出租

二十年來，台灣房市問題層出不窮，台北最為嚴重，房價飆漲難降、租屋空間錯配、社會住宅不足、居住品質不佳，造成房客重重受限、住者頻繁搬遷、居住難民增長、減少就業機會與嚴重人口外移等現象。

住房商品化悲歌

綠園道華廈，位在中和與永和交界，地上九樓、共一百一十七戶，鄰近日常用品俱全的永安市場，以及號稱雙和之肺的四號公園。華廈生活機能佳的好條件，吸引北上就讀大學，畢業後從事金融業的林先生。他因此在一九九九年，以每坪十八萬元，買下約十一坪、總價一百九十萬元的套房，成為有屋一族。時光來到二〇二一年，綠園道華廈每坪高達五十二．五萬，約十一坪的套房總價介於五百萬元至六百萬元間，房屋價格升高三倍。

二十年來，台灣基本工資與每人年所得增長幅度，遠不及房價的飆漲速度。每月基本工資，二〇〇一年為一萬五千八百四十元，二〇二一年為兩萬四千元，增加五一．五%。平均每人年所得，二〇〇一年為四十萬一千九百四十六元，二〇二一年為七十八萬八千二百五十七元，增加九六．一%。房價指數，二〇〇一年為九十八．一四七五，二〇二一年為三百三十一．三八五，增長二三七．六%。

二十年來，台灣房市問題層出不窮，台北最為嚴重，房價飆漲難降、租屋空間錯配、社會住宅不足、居住品質不佳，造成房客重重受限、住者頻繁搬遷、居住難民增長、減少就業機會與嚴重人口外移等現象。二〇二一年，房價所得比，全國約九倍，台北市近十六倍，遠高於世界銀行提出六倍以內的合理範圍。台北市三十年以上老屋約六十五萬戶，重建與更新速度緩慢，在地震、颱風等天然災害不時發生的台灣，顯得危機四伏。

台灣房屋稅率與銀行貸款利息偏低，提供投資者進出炒作與囤積空間。投資者眼中，把一幢幢房屋變成房產商品，當作經濟生產要素一環。房子成為賺錢工具，而非居住場域。高房價讓安居成為一種奢求，扼殺城市生機，人們不再懷抱期待，漸漸遠離心碎的城市。年輕世代在立足點上不平等，剝奪其生存發展契機，世代正義更加難追尋。

安全、和平與尊嚴的適足住房權

住房攸關基本人權，而非金錢遊戲。住房權是一切社會生活根基，關照人的居住生活，保障「禁止住房歧視」「遷離正當程序」「適足住房權利」三大內涵。住房正義理想是讓人人具有合適的住宅區位、環境、空間、價位，

圖4.2 住房權保障「禁止住房歧視」「遷離正當程序」「適足住房權利」三大內涵，是一切社會生活根基。

能居住安心，以稅賦等政策工具達到住房公平，弱勢者能有住房保障，人人皆擁有一定品質與品味的住房尊嚴。

住房權相當受到國際人權公約重視，一九四八年《世界人權宣言》將住房權具體納入保障，其規定「人人有權享受為維持其本人與家屬健康和福利所需的生活水準，舉凡食物、衣著、住房、醫療及必要的社會服務；在遭遇失業、疾病、身障、寡居、衰老，或因不可抗力之因素喪失謀生能力時，有權享受保障。」一九六六年《經濟社會文化權利國際公約》也明示「人人有權享受其本人及家屬所需之適當生活程度，包括適當之衣食住及不斷改善之生活環境。」

《經濟社會文化權利國際公約第四號一般性意見》指明適足住房權乃為人人均有安全、和平與尊嚴居住某處的權利。無論群體、年齡、收入等，人人都有權享受適當住房，不受到任何歧視。適足住房特徵為地點便於工作，取得費用合理，以及具有適足的安全、照明、通風、空間、居室、設施等。

適足住房權考慮面向有「使用權的法律保障」「服務、材料、設備與基礎設施的可使用性」「可負擔性」「適居性」「可取得性」「地點」「文化適足性」。政府可結合企業，以適當措施實踐適足住房權。

▼使用權的法律保障：不論使用形式為何，人人都應受法律保障，免遇強制驅離、騷擾等。

▼服務、材料、設備與基礎設施的可使用性：人人應可持續獲得乾淨飲水、食物倉儲、能源供應、衛生設備、垃圾處理、緊急服務等。

▼可負擔性：政府確保天然建材供應無虞，住房費用應維持固定水準，為弱勢者提供住宅補貼、住房融資。租屋者免受不合理的租金水準與租金上漲。

▼適居性：人人免受嚴寒、潮濕、炎熱、颱風、下雨，以及建築危險、傳病媒介與健康威脅。

▼可取得性：人人有權得到和平尊嚴生活處所與土地。弱勢者必須優先、充分且持續取得適足住房資源可能性，包括身障者、兒童、長者、患者、受災者等，法律與政策應充分考慮其特殊住房需要。

▼地點：住房不應位在汙染區域，地點應處於便利托幼、就學、就業、醫療等地。

▼文化適足性：住房開發與現代化活動，不因犧牲住房文化，住房政策、建造方式與建築材料，應適當體現住房文化特徵與多樣性。

該一般性意見也強調，人人充分享有居住自由、言論自由、結社自由、參與公共決策權，以實現與維持社會各階層適足住房權。個人寓所、家庭、私生活、通聯，不受任意或非法干涉。人民如遇歧視、驅離、拆房，國家法律體系應提供申訴、救濟與賠償等管道。

台灣現行《憲法》缺乏住房權明確保障，導致人民沒有住房請求權，更不用說是否滿足禁止住房歧視、適足住房權利等條件。司法每遇到住房正義問題，往往只能置於財產權、生存權、平等權、居住及遷徙自由、概括人權條款等脈絡去建構與審查。

社會住宅普及化

政府有責任為人民創造適足住房環境，歐洲普及化的社會住宅，台灣足以作為借鏡，尤其是荷蘭與法國。荷蘭社會住宅拓展超過百年歷史，擁有全世界最高居住比例，首都阿姆斯特丹更達到半數。一九〇一年通過《住房法》（*Woningwet*），系統性推進社會住宅政策，民間非營利導向住宅法人，專注購地、興建與營運，政府則協助供地、貸款與補助，並提供租金補貼，讓人民住得起安全、美觀、整潔、舒適，又顧及族群融合的社會住宅，有些人一住就是終生。

旅法作家羅惠珍長年觀察，法國約六千七百四十萬人中，超過一千萬人住在社會住宅，包括企業主管、上班族、藝術家、作家、老師、議員、官員等百工百業人士。法國社會住宅從工人住宅、平價住宅演進至今，超過一百五十年歷史，政府採取集資、合建、貸款、裝修閒置空間等方式促成，形式從集合住宅到花園小樓都有。法國由社會住宅聯合會為首，結合政府部門、社會企業、合作事業、房產公司等近千個機構，以政府經費、住宅租金、企業稅收為來源，處理開發、營建與租賃等事務，建立綿密社會住宅產業鏈。社會住宅採分級付費，憑藉住戶提供的繳稅單，依據家庭收入、撫養人數、入住人數、房屋面積核算房租，分成三到四個級數，不僅低於市價，且人人權利相等。

法國從中央立法規範房租價與仲介費，也規定從城市到市鎮，至少需有二五%社會住宅，未達標者，刪減補助款或罰款，上級政府介入尋地買房。巴黎市政府設法擴增供給面，找出閒置空屋、次要住宅，遊說屋主釋出空間交由政府管理，搭配中央政府空屋稅加重、租賃所得減免等措施，形成特約社會住宅。巴黎市政府在十四個行政區內，分成八十個街區，依照座向、格局、屋況、設備、屋齡等，畫分十六種計算標準與參考價格。

中央與地方聯手，多管齊下、多元出擊，實現社會住宅普及願景。社會住宅成為旅人探訪法國發展歷程的秘境。二〇二一年普立茲克建築獎（Pritzker Architecture Prize），更頒給改造法國波爾多市三幢社會住宅「五三〇公寓」的建築師安妮．拉卡頓（Anne Lacaton）與尚—菲利普．瓦薩爾（Jean-Philippe Vassal）。

在台灣傳統觀念中，家庭要有一間屬於自己的住房，但愈來愈高的房價，使得許多人只能用一生勞碌去換取住房成本。住房權強調國家要保障人民有安身立命的住所，但所有權未必要屬於自己。台灣的社會住宅比例不到一％，不如環太平洋的美國、日本與韓國六％、新加坡九％，遠低於歐盟平均一四％。台灣政府應充分整合市場、就業與社區網絡，推進多元住房使用權限，建立友善住房環境，特別是普及社會住宅，讓人人好安居。

【3】遊子投票，不用返鄉

不在籍投票初期試辦階段，選舉種類宜以全國性選舉（公投）為主，採行類型選取移轉投票，適用對象僅限於原住民族、選務人員、軍警人員、戶籍地外求學者與工作者、不良於行者、未褫奪公權受刑人，至於海外公民與旅中台人，還需充足安全條件與等待合適時機。

千萬不要不投票

二〇二二年五月九日，菲律賓改選正副總統、國會議員等，旅居海外公民可選擇不在籍投票（Absentee Voting）。菲律賓在台新住民約有十四萬人，其中約七萬人登記成為選民，可提前於四月十日起，選擇前往高雄、台中或台北電子投票站投票。

二〇一九年四月十四日是個晴朗周日，台北車站東門外北平西路印尼街，出現大排長龍景象，印尼在台新住民正在雜貨店外投票所，選擇心目中最佳總統與國會議員人選。投完票的印尼選民，迫不及待在街角或視訊向親友秀出小拇指紫色墨水痕。印尼有一首歌〈千萬不要不投票〉，歌詞傳達每一個人、每一張票，都是改變國家契機，激發來台留學的安德里投出人生首張選票。

離鄉背井的海外印尼移工約有九百萬人，這次分布一百三十個國家設置投票所，單在台灣就分散於漁港、商店、餐廳等地設置三十四個投票所，便利在台灣約二十八萬名移工與學子投票。在台印尼選民可事先上網登記取得投票資格，選擇採取通訊投票或至特置投票所投票。投票結束，選票會集中運到駐台北印尼經濟貿易代表處，再送回印尼統一開票。

台灣現行除了選務人員，其餘均採取在籍人工投票制度，選民必須在投票當日由本人至戶籍地投票所領票、圈票與投票，投票結束再由選務人員撿票、唱票、計票與封存。不在籍投票在台灣已討論三十年，因求學、工作與經商等緣故不在原戶籍地選民近三成，至少四百五十萬人，包含境內遊子、海外僑民、旅中台人等。每到選舉時刻，這些選民只能舟車勞頓、奔波返鄉投票，而蘭嶼、金門與馬祖等離島選民，有時受到天候因素影響，飛機難以起降而影響投票時程。生活在都市的原住民族選民，如想返回原鄉部落總得長途跋涉，增加投票成本。

不在籍投票保障公民權

公民權已成為當代憲政民主國家普世價值，一九四八年《世界人權宣言》與一九六六年《公民與政治權利國際公約》明示公民有權直接或經由自由選舉的代表參與本國政事。公民有平等機會，服本國公職。公民意志為政府權力基石，公民意志展現在真正、定期的選舉。選舉權必須以普及、平等、無記名程序進行。

台灣現行《憲法》本文指明「人民有選舉、罷免、創制及複決之權」「本憲法所規定之各種選舉，除本憲法別有規定外，以普通、平等、直接及無記名投票之方法行之」「中華民國國民年滿二十歲者，有依法選舉之權，除本憲法及法律別有規定者外，年滿二十三歲者，有依法被選舉之權」。台灣現行《憲法》增修條文規定「總統、副總統由中華民國自由地區全體人民直接選舉之，自中華民國八十五年第九任總統、副總統選舉實施。……在國外之中華民國自由地區人民返國行使選舉權，以法律定之」，《憲法》要求國外僑民必須「返國」行使總統、副總統選舉權，如採行通訊投票，恐有違憲疑慮，但是在其他種類選舉倒沒有限制。

依憲政原理，不在籍投票是保障公民權平等落實的制度設計，公民不受

圖4.3 依憲政原理，不在籍投票是保障公民權平等落實的制度設計，公民不受身體因素、生活環境、地理空間、職業類別等制約，都能履行投票權利。

身體因素、生活環境、地理空間、職業類別等制約，都能履行投票權利。不在籍投票是選民可在戶籍地之外投票選舉公職候選人，未必要在投票日親自前往指定投票所投票，一種方便民眾行使公民權利的方式。環顧全球計有新加坡、日本、韓國、德國、法國、英國、澳洲與美國等至少一百一十五國實施各式不在籍投票，便利選民履行投票權，積極保障人民投票權益，展現人民公共意志。

不在籍投票主要有五種行使類型，投票規模由小至大如下：

一、代理投票（Proxy Voting）：選民委託他人代為投票，適用於部分不良於行者。此制優勢為選務行政負擔低、保障特殊選民投票權；劣勢為難保自由意志投票。

二、特置投票（Special Polling Stations）：選民在其生活或工作場域所設置特別投票所投票，適用於受照護者、軍警人員、外交人員、航海人員、受刑人。此制優勢為保障特殊選民投票權；劣勢為海外投票所不易設置、選民意向易受影響、投票選擇易曝光。

三、提前投票（Early Voting）：選民在投票日前至指定日期與地點投票。此制優勢為選務作業單純、增加時間選項、分散投票人流、自由意志投票；劣勢為增加選務成本、選民無法改變意向。

四、移轉投票（Constituency Voting）：選民在其就學或工作所在地投票所投票，適用於學生、勞工、選務人員、原住民族。選民需提前申請，將投票地點從戶籍地改為就學或工作地，投票日由本人親投。此種方式又可分成分散投票（每個投開票所）與集中投票（專屬投開票所）。此制優勢為選務技術純熟、便利出外人投票、自由意志投票；劣勢為選務行政繁重、候選人跑到異地競選、特定點投票所選舉人暴增、計票時間冗長、外地居民決定在地事務疑慮。

五、通訊投票（Postal Voting）：選民透過郵寄方式投票，適用於軍警人員、外交人員、海外僑民等，採用國家最多。此制優勢為投票彈性便利、減少選務成本；劣勢為選務行政負擔高、巨量申請、詐領選票、匆忙投票、丟失選票、蒐集選票、偽造選票、操控意向、竄改選票、勝負已定不開票、投票人不易確認、匿名性不易確保、廢票率高、選票保存易受質疑、舞弊調查成本高。

六、網路投票（Internet Voting）：選民透過網路投票，此種方式如能確保安全與隱私，可望逐漸成為投票趨勢。此制優勢為節省用紙、投開票省時；劣勢為選民易遭外力影響、難防駭客入侵、紀錄保存資安疑慮、可驗證性弱。

各國行使類型與實施方式不一，影響因素有社會需求度、選民信賴度、選務行政力、選局改變力，關鍵仍在選民信賴度與選務行政力。選民、政黨與候選人對於政府執行選務要有很強的信賴度，尤其在選票差距接近時不致質疑制度的公平性。

移轉投票優先實施

台灣在威權統治時期，不時發生選票被冒領、汙損與丟棄，或偷換票匭、開票停電等選舉舞弊行為。一九七七年十一月十九日，群眾因不滿桃園縣縣長選舉作票，憤而包圍中壢分局。台灣累積近三十年的民主化經驗，選民對於選舉信賴度建立在「當日」「本人」「親投」方式，以確保匿名性與公平性。選情最激烈的一次是二〇〇四年三月二十日第三次民選正副總統，民進黨籍陳呂配與國親聯盟連宋配得票差距竟不到三萬票（〇．二三%），選後司法驗票，出動全國二十一個地方法院法官、法庭人員與雙方律師，重新將投入票匭約一千三百萬張選票逐張查驗，爭議選票則送交高等法院審理。在全面驗票後雙方差距略有變化，但未扭轉選舉結果。

台灣尚未正式實施不在籍投票制度，僅對於選務人員提供移轉投票措施。台灣政府一方面希望落實「一人一票、票票等值」精神，讓選民減低舟車勞頓、提高投票誘因，另一方面更擔心中國祭出干擾行動，介入百萬旅中台人投票行為，幕後操縱投票結果，因此對於不在籍投票推動始終謹小慎微。經過多年辯論，維持「當日」「本人」與「親投」方式的國內移轉投票，是現階段朝野政黨較有共識行使類型，社會接受度也較高。台灣具有完備戶政電腦系統，調整欄位格式、編造選舉名冊、預先登記投票等都不成問題，也有選務人員實施經驗，國內移轉投票需要克服的法律問題較少。

台灣實施不在籍投票制度，可循穩健推進、逐步擴大原則，從爭議性低行使類型、複雜性低選舉種類開始推行，強化選民與原鄉間參與感、連結性，純熟選務技術、強化投票安全、建立政治信任。不在籍投票初期試辦階段，選舉種類宜以全國性選舉（公投）為主，採行類型選取移轉投票，適用對象僅限於原住民族、選務人員、軍警人員、戶籍地外求學者與工作者、不良於行者、未褫奪公權受刑人。至於海外公民與旅中台人，還需充足安全條件與等待合適時機。

台灣每兩年輪番舉行全國性與地方性選舉，公投也每兩年錯開選舉辦理。全國性選舉（公投），不在籍效應小，不至於讓本地選民認為選舉結果受到不在籍選民影響，可優先實施移轉投票，如全國性公投，以及立法委員、正副總統選舉。地方性選舉，選舉種類與選舉區眾多，採行移轉投票等工程浩大，如直轄市議會議員、直轄市長、縣（市）議會議員、縣（市）長、鄉（鎮、市）民代表會代表、鄉（鎮、市）長、村（里）長等選舉。至於直轄市山地原住民區民代表會代表、直轄市山地原住民區長，也應優先實施移轉投票，強化原住民族自治權。

【4】他鄉日久成故鄉

台灣從移工招募、引進、聘僱、勞動、生活到管理，應揚棄過往重視成本精算，輕忽權利保障思維，全面接軌國際人權公約，尤其是實踐國民待遇原則，讓移工能有等同本國勞工生活水準、勞動條件、公共安全與社會福利。

移工悲歌

雖然　我是從南洋來的
勞動者　炙熱陽光曬黑著
暴風雨　淋不了獻身的心

頂著天地　站上台灣的
土地　不管是鋪橋與造路
重擔　壓不屈強硬的椎骨

〈站在台灣的土地上〉是台灣文學作家康原老師寫給移工的一首詩。經濟全球化開啟勞動者國際流動機會，一九九二年，台灣正式開放引進外籍移工，從事海洋漁撈、用品製造、公共工程、家事照護等工作，支撐台灣產業經濟與家庭長照超過三十年。為了使家人衣食有停泊港灣，移工從東南亞等國家飄洋過海來台，浪跡天涯到福爾摩莎討生活。移工遇到的仲介與僱主形形色色，隻身踏入異國語言、生活與文化，承接內心孤獨與身體疲累，更面臨社會歧視與法制欠缺，讓這一趟勞動遠征顛簸艱辛。

有些家事移工在母國期間，就得貸款繳交一筆龐大仲介服務費，入境後還要支付管理費，仲介也會要求移工手按《古蘭經》誓言聽令僱主。好不容易媒合找到僱主，護照與居留證卻被扣留。除了僱主本人，其配偶與小孩隨時都可能吩咐事情。移工一人分飾多角，有時是看護，有時是保母，還有契約以外事務要做，分身乏術。漫長工時、沒有輪班，成為生活日常，沒得休息搞得頭很痛，昏昏沉沉，如果僱主看到以為在偷懶。偏偏《勞動基準法》不適用，無法介入保護。每月領取薪資，低於基本工資不說，仲介還會從中抽成。過了些時日，漸適應台灣生活，找到理想對象成婚，跨國婚姻美事反遭懷疑假結婚，影響戶籍與居留身分。移工之子出生，沒有健保，身分不明。

家事移工終日工作在封閉空間，不時耳聞性騷擾、性侵害與性剝削問題。假如照料的長者不幸過世，可能會被僱主要求賠償，不然就是成為業務過失致死的被告。漁撈移工，長年有結構性壓榨現象，境外漁撈移工也不受《就業服務法》保障。

工地移工，沒有真實名字，只有背心數字。工廠移工，號稱領取《勞動基準法》基本工資，但東扣西扣食宿等各種名目費用後，實領有限。一些刻苦勤奮的移工，設法選擇超時工作、工地工作等以增加收入。遇到糾紛，移工被帶進外國人收容所，與其說收容，不如說入監，證人與被告都依編號集中管理，要尋求司法救濟，更是困難重重。

每位移工辛酸故事背後，蘊藏著制度面的根本問題。台灣唯有從文化面與法制面進行革新，才能化解移工悲歌。

移工國際安全網

移工權利涉及生存權、健康權、自由權、隱私權、工作權、勞動權、住房權、公民權、文化權與家庭權等。一九一九年《國際勞工組織憲章》（*Constitution of the International Labour Organization*）揭示任何國家都應提供勞工人道待遇，適當保護移工，包括同工同酬、自由結社、設立技術與職業教育等。一九四八年《世界人權宣言》、一九六六年《公民與政治權利國

圖4.4 移工權利涉及生存權、健康權、自由權、隱私權、工作權、勞動權、住房權、公民權、文化權與家庭權等。《國際勞工公約》經年累月的累積與綿密公約框架，確立平等與國民待遇最高原則，建立社會安全制度，改善勞動條件，保障移工與家人權利。

際公約》與《經濟社會文化權利國際公約》所標榜重要原則均適用於移工，人人享有有權工作、職業自由、禁止奴役、合理工時、給薪休假、合適報酬、同工同酬、組織工會、失業保障等權利。一九四九年《抑制人口販運與剝削他人從娼公約》（*Convention for the Suppression of the Trafficin Persons and the Exploitation of the Prostitution of Others*）保護移工避免淪為人口販運賣淫對象。

一九九〇年《保護所有移徙工人及其家庭成員權利國際公約》（*The International Convention on the Protection of the Rights of All Migrant Workers and Members of Their Family*），保障移工與家屬人性尊嚴、行為自由、表現自由、社會經濟正義等基本權利，重視國民待遇的落實。二〇〇〇年《預防、抑制、懲罰人口販運，尤其是販運婦女與兒童的協議》（*UN Protocol to Prevent, Suppress and Punish Trafficking in Persons, Especially Women and Children*）採取具體措施，預防婦女與兒童成為人口販運對象。

《國際勞工公約》為數不少對於移工特別保障項目，一九八〇年代前，計有一九二五年《第十九號：外國工人與本國工人災害賠償應受同等待遇公約》（*Equality of Treatment [Accident Compensation] Convention*）、一九三〇年《第二十九號：強迫勞動公約》（*Forced Labour Convention*）、一九四七年《第八十一號：勞動檢查公約》（*Labour Inspection Convention*）、一九四九年《第九十五號：保護工資公約》（*Protection of Wages Convention*）、一九四九年《第九十七號：移民就業公約》（*Migration for Employment Convention*）、一九五七年《第一〇五號：廢止強迫勞動公約》（*Abolition of Forced Labour Convention*）、一九五八年《第一一〇號：農場公約》（*Plantations Convention*）、一九六二年《第一一八號：同等待遇（社會保障）公約》（*Equality of Treatment [Social Security] Convention*）、一九六九年《第一二九號：勞動檢查（農業）公約》（*Labour Inspection [Agriculture] Convention*）、一九七〇年《第一三一號：最低工資訂定公約》（*Minimum Wage Fixing*

Convention）、一九七五年《第一四三號：移民濫用限制及平等機會與待遇促進公約》（*Migrant Workers [Supplementary Provisions] Convention*）、一九七六年《第一四四號：三方面諮商（國際勞動標準）公約》（*Tripartite Consultation[International Labour Standards] Convention*）、一九七七年《第一四九號：護理人員公約》（*Nursing Personnel Convention*）。

一九八〇年代後，計有一九八一年《第一五五號：職業安全與衛生公約》（*Occupational Safety and Health Convention*）、一九八二年《第一五七號：維持社會安全權利公約》（*Maintenance of Social Security Rights Convention*）、一九八五年《第一六一號：職業衛生設施公約》（*Occupational Health Services Convention*）、一九八八年《第一六七號：營造業安全與衛生公約》（*Safety and Health in Construction Convention*）、一九九一年《第一七二號：旅館與餐館工作條件公約》（*Working Conditions [Hotels and Restaurants] Convention*）、一九九五年《第一七六號：礦場安全與衛生公約》

（*Safety and Health in Mines Convention*）、一九九七年《第一八一號：私立職業介紹所公約》（*Private Employment Agencies Convention*）、二〇〇〇年《第一八三號：母性保護公約》（*Maternity Protection Convention*）、二〇〇一年《第一八四號：農業安全與衛生公約》（*Safety and Health in Agriculture Convention*）、二〇〇六年《第一八六號：海事勞工公約》（*Maritime Labour Convention*）、二〇〇七年《第一八八號：漁業工作公約》（*Work in Fishing Convention*）、二〇一一年《第一八九號：家事勞工公約》（*Domestic Workers Convention*）。藉由累積與綿密公約框架，確立平等與國民待遇最高原則，建立社會安全制度，改善勞動條件，保障移工與家人權利。

國民待遇原則

二〇二二年十月，台灣產業與社福移工達七十一萬七千一百零一人，多數來自越南、印尼、菲律賓與泰國等國家。移工有權維護個人主體、完整人格發展、確保人性尊嚴。台灣從移工招募、引進、聘僱、勞動、生活到管理，應揚棄過往重視成本精算，輕忽權利保障思維，全面接軌國際人權公約，尤其是實踐國民待遇原則，讓移工能有等同本國勞工生活水準、勞動條件、公共安全與社會福利。

移工招募方面，須打破仲介壓榨與欺騙現象，拆解仲介與僱主共生關係，強化直接聘僱措施，移工也可免於煩惱須負擔高額仲介服務費。

移工聘僱方面，允許移工自由轉換僱主與職業，提高移工薪資水準，此舉也能正向帶動本地勞工薪資上揚。建立社會保險，讓移工享有工傷、失業與退休保障。

移工勞動方面，避免家事移工被奴役，確保人身安全，能有合理工作、休息與休假時間，獲得合適報酬。整體上，從客工政策轉為移工政策，鬆綁勞動時間、地點、薪資、休假、加班與年限等限制。目前僅有宜蘭縣漁工職業工會、桃園市家庭看護工職業工會、全國家戶勞動產業工會、基隆市漁工職業工會等零星登記有案組織。未來應充分賦予移工結社權，友善組成及參與工會空間，便利其團結權、協商權與爭議權行動。

移工生活方面，移工寄錢回家鄉，由於正統銀行體系高額手續費用與漫長輾轉時間，寧可選擇省錢便捷地下銀行。政府應協調銀行體系，採取更親和便捷匯兌措施。台灣社會對於移工態度與語言歧視，不僅存在於工作場所、訴訟法庭，也存在於社會角落當中，造成有些新移民乾脆封鎖自己，不與他人互動談天。台灣社會應從理解移工文化開始，打破此種有形與無形壓迫結構。

移工管理方面，應落實勞動檢查，解決跨國婚姻父母離異影響子女就學問題，並針對移工事務訂定相關專法，設立適當層級政府組織。優先通過《家事勞工保障法》，國內法化[5]《保護所有移徙工人及其家庭成員權利國際公約》，並領銜倡議促成移工國際論壇與組織，分享三十年來台灣經驗，協助國際社會處理跨國移工政策與問題。

移工在異鄉家園，強忍濃烈鄉愁，雖遭遇不盡友善環境，仍以積極態度追尋生命價值。在我們的生活便利暢快背後，夾雜多少移工辛勤付出的汗水與淚水。我們應捨棄外來、邊緣、歧視與壓迫心態，重視移工人性尊嚴，關懷移工心理，改善其生活品質與勞動條件，讓移工在台灣能有合宜舒適飲食、住宿、安全、工作與休憩等環境。

5 編按：主權國家透過國際人權規約的簽署與批准，將相關規範轉化為國內法律體系得以適用的過程。

PART 5

教育、休閒與憲法

【1】鳥兒、蜜蜂與蝴蝶同在的世界

大潭藻礁擁有世界僅見的大型淺海現生藻礁生態系，多孔隙構造，蟹類種類繁多，還有一級保育類動物柴山多杯孔珊瑚棲息，更有國際瀕危物種紅肉丫髻鮫幼魚現蹤，具有世界自然遺產價值。

珍愛桃園藻礁公投

一八五二年，印地安索瓜米希族（Suquamish）的西雅圖酋長以母語抒寫了一封溫柔優美的信，回應想購買傳統領域土地的美國政府，信中說道：「地球與我們，都是對方身體中的一部分。每一朵充滿香味的鮮花，都是我們的姊妹。熊、鹿、鷹，都是我們的兄弟，岩石尖峰、青草汁液、小馬體溫，都與人類同屬一個家庭……人類並不擁有大地，人類屬於大地。」

人類與海洋、山川、大地、河流，同為大自然一部分，沒有恣意剝削自然資源的權利。二〇一七年，位在紐西蘭北島的旺加努伊河（Whanganui River），成為世界首條擁有法人地位的河川，官方承認這條河流孕育毛利人，彼此關係密不可分，族人與政府有共同呵護責任。

藻礁是藻類造礁，生長緩慢、分布有限。藻礁能吸納海中二氧化碳，積累成碳酸鈣，產生固碳功效，減緩溫室氣體效應。大潭藻礁形成超過七千五百年，至少二十四種藻類，其中十九種為新種，主力為紫紅色殼狀珊瑚礁。大潭藻礁擁有世界僅見的大型淺海現生藻礁生態系，多孔隙構造，蟹類種類繁多，還有一級保育類動物柴山多杯孔珊瑚棲息，更有國際瀕危物種紅肉丫髻鮫幼魚現蹤，具有世界自然遺產價值。二〇一九年，大潭藻礁獲國際海洋保育組織藍色任務（Mission Blue）評選為全球海洋保護區網絡希望熱點，成為東亞首個入榜地。

二〇二一年「珍愛桃園藻礁」公投提案領銜人潘忠政老師認為，政府只是為了滿足法定備轉容量而蓋中油第三天然氣接收站，如果不蓋該站，並不會導致缺電；若真要蓋，也不應犧牲藻礁。況且大潭另有腹地狹窄、風速過大、海嘯潛勢等問題，恐造成供氣不穩，並非第三天然氣接收站首選，反而可考量衝擊最小的台北港，達到「非核、減煤、救藻礁」三贏局面。因此，第三天然氣接收站應該遷離桃園大潭藻礁海岸與海域。

而行政院主張，唯有將第三天然氣接收站站址設在桃園觀塘工業區（港），才能就近供氣給台電大潭電廠，順利達成二〇二五年再生能源發電二〇%、燃煤發電三〇%、天然氣發電五〇%的能源轉型目標。行政院因應環保團體訴求，決定開發面積從原兩百三十二公頃縮減至二十三公頃，工業區避開藻礁區域，工業港再外推四百五十五公尺，離岸一．二公里，不浚挖與破壞水中礁體，兼顧供電與護礁。

圖5.1「珍愛桃園藻礁」公投結果雖未達通過門檻，其公投過程仍開啟一連串藻礁保育、能源轉型、氣候變遷等環境思辨課題。

「珍愛桃園藻礁」公投結果，同意票三百九十萬一千一百七十一張（一九・六八％）、不同意票四百一十六萬三千四百六十四張（二一％），未達「公投案應獲得四百九十五萬六千三百六十七張以上同意票，且有效同意票多於不同意票」通過門檻，珍愛桃園藻礁公投未通過。然而，此次公投過程也開啟一連串藻礁保育、能源轉型、氣候變遷等環境思辨課題。

人與環境新誡約

環境權指的是人們能夠生活在良好生存環境中，得以實現尊嚴、健康與幸福。環境權內涵有四項，分別是環境知情權、環境參與權、好環境享有權、壞環境拒絕權。公民有權知道自身所處環境之情形，有權參與環境保護與決策，並享有安全、健康與舒適等好環境之權利，以及拒絕髒水、惡土、空汙、噪音、景損等壞環境之權利。

人人在環境議題中都非局外人。數千年來，人類為謀求經濟與社會發展，每每抱持向大自然宣戰與征服姿態，導致環境生態傷痕累累。直到美國海洋生物學家瑞秋・卡森（Rachel Carson）在其著作《寂靜的春天》（*Silent Spring*）描寫，人類恐面臨生活在一個沒有鳥兒、蜜蜂與蝴蝶的世界，喚醒世人環境意識。近半個世紀，國際社會為拯救地球生態系統，紛紛提出國際環境公約，指引各行動者環境保護作為，其中較具代表性有一九七二年《人類環境宣言》（*Declaration of the United Nations Conference on the Human Environment*）、一九八二年《世界自然憲章》（*World Charter for Nature*）、一九八七年《我們共同的未來》（*Our Common Future*）、一九九二年《里約熱內盧環境與發展宣言》（*Rio Declaration on Environment and Development*）、二〇〇〇年《地球憲章》（*Earth Charter*）、二〇一七年《世界環境公約（草案）》（*The draft Global Pact for the Environment*）。

一九七二年《人類環境宣言》，強調人類應保護水、空氣、土地、動物與植物等自然資源，保持再生資源能力，保護野生動物。各國應推行環境教育，限制排放有毒物質，防止海洋汙染。各國開發國內資源時，有責任不損害到他國環境，用科學技術控制與解決環境問題。各國應採取適當人口政策，避免人口快速增長徒增環境問題。各國在從事居住與城市規畫時，避免對環境產生不良影響，兼顧社會、經濟與環境利益。有鑑於環境問題不分國界，各國應支援開發中國家維護與改善環境，並透過國際合作努力避免受到核武器等大規模毀滅性武器之危害。

一九八二年《世界自然憲章》建立節制自然資源的使用原則，控制影響大自然的活動，避免排放汙染物。人類在排除自然災害、蟲害與病害措施同時，應避免對大自然產生危害副作用。一九八七年《我們共同的未來》聚焦在人口、糧食、物種、遺傳、資源、能源、工業、居住等面向，提出永續發展價值，主張環境危機、能源危機與發展危機無法切割；地球資源與能源遠無法滿足人類發展需求；人類要為每一代人利益改變發展模式。

一九九二年《里約熱內盧環境與發展宣言》進一步主張公民應有適當途徑取得環境問題資訊，參與環境決策，提供救濟程序，支持女性、青年、在地團體在環境管理與發展上發揮重要影響。各國應減少、消除無法永續的生產與消費模式，在維持、保護與恢復地球生態上，各國負有不同程度的共同責任。國際應建立共同環境措施，處理跨國界環境問題。二〇〇〇年《地球憲章》提出「尊重生命看顧大地」「維護生態完整性」「社會正義經濟公平」「民主、非暴力、和平」四項原則。

二〇一七年《世界環境公約（草案）》意識到愈趨嚴重的環境威脅、加速流失的生物多樣性，呼籲人人都有保護環境的義務。各國必須制定保護環境的政策，特別是海洋、氣候變遷、生物多樣性層面，並施行代際公平、誰汙染誰付費、修復對環境損害等原則。目前該公約仍在形成階段，有待聯合國大會議決。

台灣現行《憲法》本文未將環境權納入基本權利，僅在增修條文「基本國策」篇章提及「經濟及科學技術發展，應與環境及生態保護兼籌並顧」，此僅綱領式宣示意味，未積極課以國家保障環境生態義務。政府遲至一九八七年才成立環保署，一九九四年實施環境影響評估。民間社會則以草根民主方式推進一波波環境保護運動，一九八〇年代，鹿港反杜邦、後勁反五輕、反核四、林園反公害；一九九〇年代，美濃反水庫、大社反公害、RCA事件、七股反七輕、汞汙泥事件；二〇〇〇年代，反湖山水庫、台塑仁武廠汙染事件、反蘇花高、反美麗灣、反台電大林電廠擴建、反國光石化、反中科四期搶水；二〇一〇年代，台糖新園農場開發事件、大埔徵收事件等。

再生能源新選擇：地熱與洋流發電

人類屬於大自然一分子，環境保護、產業發展與經濟成長，彼此可共生共榮。核能發電棘手的廢料處理、核安風險，以及廢料儲存、除役維護等產生的高排碳量，非島國台灣能源政策合適選項。燃煤發電產生大量二氧化碳，汙染空氣，且燃煤與天然氣都需向國外購買進口，實在無法過度倚賴。台灣能源轉型策略勢必朝再生能源開發，從外購式轉為自給式，其中地熱與洋流發電乃是再生能源新選擇。

台灣位在環太平洋一隅，具有得天獨厚地理環境優勢，提供發展地熱發電、洋流發電等乾淨能源生電絕佳條件。地熱發電技術有兩種形式，一種是淺層地熱，一種是深層地熱。以往開發地熱國家多使用淺層地熱，汲取地表以下三公里內熱氣發電，卻也出現地質限制、成本高昂、電力漸減、地震引發等弊病。深層地熱，將水灌入地表以下超過三公里地底增溫，再用生成熱氣發電。新型複合式地熱能源萃取系統（Comprehensive Extraction of Gigantic Energy from Geothermal and Geo-Plutonic renewable resources），以煮水茶壺原理，在封閉系統中，水流循環傳遞，減緩失水、結垢、地震等問題。深層地熱，全天運轉，高蘊藏量足以作為基載電源，台北陽明山、南投廬山、台東知本與金崙、花蓮瑞穗、宜蘭清水與土場等都是開發潛能區域。

菲律賓地熱發電配比占約一二%，相當於台灣核能發電配比。台灣地熱發電潛能約三十三GW，相當於十二座核四廠發電量，供電量能可觀。瑞典地熱開發公司倍速羅得（Baseload Capital）看準台灣地熱發電潛力，二〇一九年搶進投資探勘花蓮紅葉村，預備二〇二四年商轉發電。

台灣四面環海，可充分運用洋流優勢發電，特別是位居世界第二大洋流的太平洋黑潮，具有離岸近、海底深、流速快、流幅窄、厚度大等特性，更是絕佳洋流發電場域。台灣大學應用力學研究所所講座教授陳發林研究顯示，從綠島到蘭嶼六千平方公里海域內，每平方公里建置四座浮台，利用黑潮發電，預計每年發出電量約一兆六千八百億度，不失扮演供電強心劑。

我們應走出狂熱追求經社發展的迷思，擁抱環境、疼惜地球，如同瑞秋・卡森說道：「那些感受大地之美的人，能從中獲得生命力量，直至一生。」

【2】二〇五六奧運在台北

奧林匹克主義是一項提升與平衡身體、意志及心靈的人生哲理，目的在造福人類和諧發展，促進保障人性尊嚴的和平社會。

政經生活與現代奧運

夏季奧運會是環球體育界四年一次的重大盛事，二〇二一年舉行的二〇二〇年東京奧運，台灣健兒捷報連連，拚出二金、四銀、六銅空前佳績，全民歡聲雷動，一掃新冠肺炎疫情生活進入警戒的陰霾。就讀於台灣師範大學體育系的王冠閎，征戰二〇二〇年東京奧運游泳兩百公尺蝶式，雖然未順利奪牌，但最終游出一分五十四秒四四的佳績。這項成績，不僅刷新他二〇二一年在全大運創造的全國紀錄，也是近年台灣好手在奧運的全新紀錄，更是本季亞洲選手的最佳紀錄。相信下一次表現會比這一次更好，王冠閎除備戰二〇二三年舉行的二〇二二年杭州亞運，亦瞄準二〇二四年巴黎奧運，希望讓世界看見台灣。

一九三六年，國際奧委會也曾決定日本東京獲得一九四〇年第十二屆奧運會主辦權，當時處於日本統治時期的台灣，寄望這波奧運熱潮能帶動島內經濟。阿里山管理局加緊開闢便捷山路，迎接旅客到來。鐵道部製作電影、手冊、明信片等，向全世界介紹台灣風景名勝，民間業者開發珊瑚伴手禮，最後日本仍因太平洋戰事放棄主辦權。日本統治時期，與奧運殿堂擦身而過的台灣田徑選手陳啟川、林月雲，始終展現奮戰不懈的台灣精神。張星賢更接連征戰一九三二年洛杉磯奧運與一九三六年柏林奧運。

睽違一千五百零三年，現代奧運會於一八九六年四月六日至十五日在希臘雅典重新開啟，剛開始只有十三國共四百八十五名選手參加。開幕式上，由希臘音樂家斯皮羅斯・薩馬拉斯（Spyros Samaras）譜曲，科斯蒂斯・帕拉馬斯（Kostas Pamaras）作詞的〈奧林匹克頌〉（Olympic Hymn）響徹全場。第二屆至第四屆現代奧運會，都附屬在大型博覽會中搭配舉行，以支應龐大經費問題。

國際局勢與各國憲政發展，經常牽動現代奧運會命運。一九一六年柏林奧運、一九四〇年赫爾辛基奧運（原東京奧運）、一九四四年倫敦奧運，皆因兩次世界大戰而停辦。一九二〇年安特衛普奧運，首次出現五環旗、施放和平鴿、運動員宣誓，未邀請一戰同盟國德國、奧地利、匈牙利、土耳其、保加利亞參與。一九三二年洛杉磯奧運，受到經濟大蕭條波及，參賽選手比前幾屆少了近半。一九四八年倫敦奧運，未邀請二戰軸心國德國及日本參與。一九七二年慕尼黑奧運，再現以巴衝突，以色列十一位運動員被巴勒斯坦恐怖分子虜為人質犧牲。一九八〇年莫斯科奧運，美國、日本、台灣（以中華民國之名）等六十三個會員體聯合抵制，以抗議前一年蘇聯入侵阿富汗。一九八四年洛杉磯奧運，換成蘇聯、北韓、古巴等十八個社會主義會員體聯合反制。

近半個世紀以來，奧運經濟學成為關注焦點，國家與主辦城市在賽前建立奧運商業模式，帶動城市整體觀光、服務、金融與工商業發展。每屆申辦城市競爭激烈，主要都由富裕國家與先進城市取得。一九八四年洛杉磯奧運難得出現盈餘，一九八八年首爾奧運，場館闢建、城市建設、經濟措施、國民自信等齊發，將韓國一舉推向已開發國家行列。

各國為競逐爭辦奧運，籌辦經費高到嚇人，從二〇〇四年雅典奧運到二〇二〇年東京奧運，每屆動輒百億美元的花費，顯然未記取一九七六年蒙特婁奧運讓城市負債三十年的血淚。主辦國家與城市，為了十七天奧運，大筆金額貸款、巨額預算編列、大片土地徵收、大興場館工程，不僅排擠社福預算、拉大貧富差距，新建場館賽後慘淪為蚊子館，還要繼續支出維護費。人民對於政府花大錢辦奧運愈趨保留，近二十年來各國對於主辦奧運興趣缺缺，申辦城市愈來愈少，從二位數大幅降到個位數，二〇一七年國際奧委會索性以票選與協商，一次決定兩屆奧運落腳城市：二〇二四年巴黎奧運、二〇二八年洛杉磯奧運。

平衡身體、意志與心靈

從一八九四年通過後歷經多次修訂的《奧林匹克憲章》（*Olympic Charter*），強調奧林匹克主義是一項提升與平衡身體、意志及心靈的人生哲理，目的在造福人類和諧發展，促進保障人性尊嚴的和平社會。體育運動是人類權利，每個人必須不帶歧視練習運動可能性，不受種族、膚色、性別、性向、語言、宗教、政治、國籍、出身、財產等歧視。奧林匹克運動組織應保持政治中立，自主建管運動規則、決定組織架構。

圖5.2 體育運動是人類權利，不受種族、膚色、性別、性向、語言、宗教、政治、國籍、出身、財產等歧視。奧林匹克運動組織應保持政治中立，自主建管運動規則、決定組織架構。

聯合國教科文組織於一九七八年提出《國際體育運動憲章》(*International Charter of Physical Education and Sport*)，明示實踐體育與運動為人類基本權利。二〇一五年修訂該文件提升為《國際體育教育、體育活動與體育運動憲章》(*International Charter of Physical Education, Physical Activity and Sport*)，成為各國體育教育、活動與運動的綱領及政策指引。新文件開宗明義強調開展體育教育、活動與運動是人人基本權利。體育教育、活動與運動，不僅能夠為個人、社區與社會帶來多種價值，也能實現發展、和平與災後重建。

體育教育、活動與運動，必須鼓勵人人終身參與，維持純潔性與道德價值觀。國家有必要提供充足與安全的空間、設施及設備，鼓勵相關研究、調查與評估，並由專業人員負責教學、指導與行政管理，管控安全與風險。各界必須參與目標設定及政策擬定，確保體育教育、活動與運動在經濟、社會及環境的持續活動，推動國際合作，擴大範圍與影響。

台灣現行《憲法》雖然在體育運動上著墨不多，僅於本文「基本國策」篇章提及「教育文化，應發展國民之民族精神、自治精神、國民道德、『健全體格』、科學及生活智能」，然而《憲法》依然保障人民從事體育運動的「一般行為自由」；將體育運動作為職涯發展的「職業自由」；組成體育運動團體的「結社自由」；經營體育運動事業的「營業自由」。

未來體育運動入憲，可明確體育運動的《憲法》地位，落實政府體育運動政策，全面提升體育運動的教育、設施、儀器、醫學、團體與培訓等面向發展，鼓舞社會體育運動風氣。

申辦二〇五六年台北奧運

二十一世紀的奧運會，需要返璞歸真，從古典奧運會精神汲取前進動力，而台灣更可以展現氣魄，實現奧運在台北的夢想。

古典奧運會源自於古希臘城邦，希臘南端的伯羅奔尼撒半島，奧林匹亞位在半島西側克羅尼斯山谷中，奉祀宙斯神殿。古希臘人宗教信仰是多神教，宙斯為眾神之王。每四年定期在聖地奧林匹亞舉行宙斯祭典，各城邦紛紛派團朝聖，祭典中的重頭戲便是體能競技，賽場選在宙斯神殿區競技場，古典奧運會自此展開。

奧運會日期一經確定，祭司會在宙斯神殿祭壇點燃聖火，交付信使奔向各城邦，告知奧運賽事。每屆奧運會前，各城邦會簽署停戰協定，如有違反，則重罰城邦、選手禁賽。各城邦選手在賽前一個月抵達奧林匹亞，駐紮在阿爾發斯河與克拉的烏河溪畔，選手村滿見帳篷、樹屋、茅草屋、篷車、騾車、馬車、動物等，準備展開集訓、默記競賽規則、技能與體能訓練等任務。

奧運會比賽項目有賽跑、角力、拳賽、角鬥、馬車、騎射、跳遠、銅餅、標槍、舉重、跳欄、接力賽、撐竿跳、障礙賽、帆船賽、五項全能等。競技場上盡是展現美態的裸身男性，女性禁止參賽與觀賽。奧運會奪冠選手回到城邦，乘四輪馬車進城，站立在馬車上沿路接受群眾喝采、灑花朵樹葉。邦主邀文武百官設宴接待選手、家屬與代表團，奪冠選手可獲得銀元、塑像立碑、錢幣鑄像、授予榮譽公民等榮耀，在斯巴達甚至會被任命為將軍或御林軍司令。古典奧運會競技，至少始於西元前七七六年，至西元三九四年結束。跨越千年，總共舉辦兩百九十三屆，企圖嚮往城邦和平、歡欣鼓舞、公平競技精神。

台灣不乏舉辦國際賽事的經驗，二〇〇九年世界運動會、二〇〇九年夏季聽障奧林匹克運動會、二〇一七年夏季世界大學運動會等賽事活動辦得有聲有色，未來也即將舉辦二〇二五年夏季世界壯年運動會，更應努力積極申辦亞運（二〇三八年或二〇四二年）、奧運（二〇五二年或二〇五六年）等第一級國際賽事，藉由籌辦過程，深植全民運動根基。

台灣申辦奧運，應揚棄追逐豪華與鋪張思維，追隨純潔與道德的《國際體育運動憲章》情懷，發揮友善、品質與信賴的台灣優勢。台灣可借鏡一九八四年洛杉磯奧運、一九九二年巴塞隆納奧運的成功模式，預先擘畫大台北城市區域空間，讓奧運契合台灣國家與城市長遠發展需要，充分運用現有場館設備與運輸系統，新建工程鼓勵私部門投資，規畫最適市場行銷與商業機制方案，最大化轉播權利、企業捐助、賽事門票、周邊商品、商業廣告等收益。讓二〇五六年台北奧運，成為台灣百年國家發展的最佳獻禮。

台灣社會一方面要保障新聞自由，防範政治人物、政黨與政府，將政治醜聞栽贓給假新聞，藉此躲避公共監督與自身責任；另一方面又必須解決假新聞亂象，防止假新聞摧毀憲政民主體制。

謠言紛飛的網路時代

二〇二三年春節，台灣雞蛋市場由於禽流感流行、飼料價格上漲、日夜溫差大、雞場環境差等因素，出現供需失衡現象。二〇二三年二月，社群平台與通訊軟體謠言四起：

▼謠言一：以標題式文字或搭配新聞報導連結方式，指出政府故意讓雞蛋漲價，好進口日本福島雞蛋。

▼謠言二：散布一段TikTok短影音與文字資訊，提醒中國製作的化學蛋，一天產量八十萬顆，銷往全球，可能流入台灣飯店與餐廳。

當政府二〇二三年三月從澳洲等國專案進口雞蛋，超市與量販出現一顆不到七元的雞蛋時，更出現數則謠言：

▼謠言三：中國出口雞蛋占全球第一，達三五%，澳洲出口到台灣的雞蛋是來自中國。

▼謠言四：最近可能有大盤與中盤釋出囤積過期雞蛋，尤其是散裝未標示生產日期的雞蛋，暫時不要買雞蛋、吃雞蛋，麵攤與小吃的滷蛋也不要吃。若要買雞蛋，要買有日期的雞蛋，不要買散蛋。

現代人生活習慣改變，從傳統撥出時段閱讀報紙、收看電視新聞，轉為利用通車、吃飯、排隊等短暫時光，接收來自Line、IG、FB、Youtube，甚至TikTok、小紅書等社群平台與通訊軟體出現的資訊及新聞。

人人可輕易上手的剪輯軟體不斷推陳出新，加上各式社群平台與通訊軟體，使得每個人自成一個編輯台迅速產製或分享資訊與新聞，卻也成為謠言滋長溫床。謠言以假資訊、假新聞形式，多重再製迅速傳播成千上萬人，短時間發酵，產生搧風點火、推濤作浪之效。事實查核耗時久、瀏覽少，往往追趕不及，聲量不成比例。

有些謠言背後牽涉中國認知作戰行動，在境外與境內協力，以組織化、系統化與細緻化的操作下，採取定時、多重、轟散方式塑造輿論方向，讓信的人更堅定，不信的人動搖。二〇一八年「關西機場專車事件」，真假混雜的圖文、影音與新聞，從「中央廚房」出廠，藉由社群平台、通訊軟體與主流媒體傳播，戰況慘烈，震撼台灣社會。

圖5.3 台灣社會一方面要保障新聞自由，防範政治人物、政黨與政府，將政治醜聞栽贓給假新聞，藉此躲避公共監督與自身責任；另一方面又必須解決假新聞亂象，防止假新聞摧毀憲政民主體制。

天天暴露在謠言之中的人們，還能「出淤泥而不染」嗎？謠言四散、人心惶惶，不僅是當代社會重大危機，更考驗當前台灣憲政民主體制跨越困境的能耐。主流媒體、政論節目追求即時快速，忽略事實真相，削弱守門人角色，助長假新聞氾濫。台灣社會一方面要保障新聞自由，防範政治人物、政黨與政府，將政治醜聞栽贓給假新聞，藉此躲避公共監督與自身責任；另一方面又必須解決假新聞亂象，防止假新聞摧毀憲政民主體制。

新聞自由，制度性基本權利

十七世紀，歐洲誕生近代報刊，新興資產階級為打開輿論市場，打破傳統專制王權、教會壟斷出版局面，開啟新聞自由爭取之路。

新聞自由是《憲法》中重要的制度性基本權利，保障新聞媒體獨立、完整與自主。新聞媒體事業主與從業人員，均為新聞自由受保障對象，自由決定營運、人事、調查、採訪、編輯、報導、評論、出版與發行等內容。新聞自由成為當代憲政民主國家立法權、行政權、司法權外，不可或缺的第四權，透過揭發政府狗屁倒灶鳥事，達到監督政府功效，支撐憲政民主體制健全發展。

新聞自由的內涵，依據C．愛德恩．貝克（C. Edwin Baker）教授分類，可分成防衛性、表意性與外求性三種權利：

▼防衛性權利：新聞媒體免於政府干預權利，如：拒絕洩漏資訊來源、免受搜索與扣押、免受偵訊與作證等。

▼表意性權利：新聞媒體自由報導權利，如免於事前限制措施、免受禁止報導命令、免於誹謗追訴等。

▼外求性權利：新聞媒體取得資訊權利，如取得政府資訊等。

一九四八年《世界人權宣言》強調人人有權享有主張與發表自由，包括持有主張不受干涉自由，以及藉由任何媒介、不分國界，尋求、接收與傳播消息及思想的自由。一九六六年《公民與政治權利國際公約》重申人人有權享有保持意見不受干預；人人有權享有發表自由，包括以語言、文字、出版、藝術或自選的其他方式，不分國界，尋求、接收與傳播各種消息及思想的自由。此種權利限制，以「尊重他人權利或名譽」「保障國家安全、公共秩序、公共衛生、公共道德」必要者為限，且必須經法律規定。

無國界記者（Reporters sans frontières）、自由之家（Freedom House）、保護記者委員會（Committee to Protect Journalists）等非營利組織，每年亦投入評比世界各國新聞自由度等。

新聞自由在台灣現行《憲法》中雖未有隻字片語提及，但不代表未受保障，而是涵括在本文「基本權利」篇章「人民有言論、講學、著作及出版之自由」的「出版自由」中，以保障新聞媒體採訪、編輯與報導自由。

大法官曾指明，通訊傳播媒體具有形成公共意見、監督國家機關與政黨等功能，《憲法》保障的「言論自由」涵蓋「通訊傳播自由」，此為通訊傳播媒體經營或使用廣播、電視、網路等設施，以取得資訊與發表言論的自由。採訪媒體記者、公民記者等，可自由進行資訊蒐集與查證的新聞採訪行為。採訪社會大眾關切且具新聞價值的公益性事件，如揭發犯罪或重大不當行為、維護公共衛生或設施安全、政府施政妥當性、公職人員執行職務與適任性、政治人物言行可信任性、公眾人物影響社會風氣言行等，可採取社會大眾認知上可容忍的跟追方式，但不能危及採訪對象身體安全或行動自由，否則警察可及時介入與制止。國家僅能在為防止妨礙他人自由、避免緊急危難、維持社會秩序、增進公共利益所必要，方能以法律或法律明確授權之命令適當限制。

後真相時代與謠言的破除

台灣在威權統治時期，政府嚴格控管新聞媒體，有限的新聞媒體多淪為官方傳聲筒，《台灣政論》《美麗島雜誌》《八十年代》等冒出的黨外雜誌面臨搜索查禁命運。台灣民主化後，格外珍惜得來不易的新聞自由，體認新聞自由是憲政民主體制不可或缺的元素，並且期待新聞媒體能夠呈現客觀公正的新聞。所謂客觀公正的新聞，表現在新聞對於事實、倫理與觀點的查核。事實面，還原事件真相與脈絡；倫理面，重視正當性與合法性；觀點面，掌握歷史演進與整體面貌。

二〇一六年，「後真相」（Post-truth）成為牛津字典年度代表詞彙。近年，謠言現象入侵台灣社會，謠言難纏原因在於其非全然假，而是真假混雜，真中帶假，假中帶真。這些謠言，大致可分成四種類型：移花接木、偷梁換柱、斷章取義、無中生有。

▼移花接木：用舊新聞指涉當下事件，如前述謠言一指政府故意讓雞蛋漲價是為日本核蛋進口鋪路，搭配的是二〇二二年二月新聞報導連結，而非二〇二三年年初實況。那則新聞內容亦不全然正確，二〇二二年雞蛋是從日本三重縣進口，並非福島五縣。二〇二二年十一月後，日本同樣面臨雞蛋不足，未再進口雞蛋到台灣。前述謠言二所指中國製作化學蛋短影音，事實上是中國皮蛋與鹹蛋加工製造過程。

▼偷梁換柱：事件中的人、事、時、地、物等其中要素被置換，如網傳世界衛生組織年齡畫分標準新規定為青年人是十八歲至六十五歲。事實上世界衛生組織網頁界定青年人年齡為十五歲至二十四歲。

▼斷章取義：摘取事件片段詮釋全貌，分析內容加油添醋，如網傳長者多吃豬腳助長壽。事實上此過度放大胺基酸與胜肽功效，長者吃太多反而吸收過量飽和脂肪酸，無益心血管健康。

▼無中生有：編造未曾發生的事件，如前述謠言三指澳洲出口到台灣的

雞蛋來自中國，事實上中國不在澳洲核准可進口全蛋與蛋製品國家名單之列。前述謠言四指大盤與中盤釋出囤積過期雞蛋，不符市場法則。

部分網民基於獲金錢、享名氣、傳思想、取權力、交朋友等因素，自甘作為謠言製造協力者，使得謠言產業鏈蓬勃發展。大眾樂於按讚與分享的美意，反倒成為散播謠言共犯。謠言在分裂社會土壤中枝繁葉茂，瞄準不滿現狀者，伺機操縱人民意志、擾亂公共生活、影響選舉結果，已是憲政民主體制的天敵。

破除謠言需要從公民教育、事實查核、政府管制等三道途徑著手。循公民教育途徑來擊潰謠言最好的方式，就是增強閱聽人謠言免疫力。人們多少帶有認知偏見，容易向那些近似原有想法與觀點的資訊及新聞敞開大門，使得謠言趁隙而入。從學習覺察克服偏見開始，對資訊與新聞保持懷疑態度，分享轉發前查證其來源、管道、文體（描述、評論或反諷）、品質、獲益者等，提升媒體識讀力。此外，公民社會實踐審議民主，讓公共討論與社會論辯成為常態，培養思考能力。

事實查核途徑，社群平台與通訊軟體業者，應強化網路治理機制，擔負更多辨識與管控謠言責任。平台業者可開發相關ＡＩ，依照資料庫與關鍵字，以及網民檢舉，撈出謠言轉交專家查核事實，由管理者依嚴重程度做後續警告、標示、降觸、下架等處理。目前Cofacts是真是假、MyGoPen、台灣事實查核中心等網站，把關資訊與新聞，有助釐清謠言真相。台灣民主實驗室、南台科技大學輿情政策與創新治理中心、假新聞清潔劑等，皆從事現象研究與觀念宣導，讓人民認識謠言生成機制與社會影響，建議新聞媒體業者更可合作建立核實平台。

政府管制途徑，立法院可借鏡德國《社群網路強制執行法》（*Network Enforcement Act*）定義問題言論、明確平台責任作法，從法律面規範平台業者，也要求透明化資金與廣告。政府預警作為與管制措施必須嚴守「保障國家安全、公共秩序、公共衛生、公共道德」之必要且有立法依據，事前做足社會對話，開放人權團體等參與，以防止政府審查與管制作為反危及新聞自由。

【4】毛小孩，好老師

動物保護原則入憲，動物成為《憲法》保護對象，讓具有法制上最高位階的《憲法》，約束立法權的法律制定、行政權的法規命令與行政規則訂定、司法權的行政行為與違憲審查，引領社會建立動物保護思維。

再見，阿義

賽神豬是台灣部分寺廟年度重頭戲，起源於義民節、三峽祖師廟神豬祭典、日本時代「養豬品評會」。早先僅將豬隻作為祭祀牲禮，在獎金與獎牌獎勵不同等級豬隻下，漸漸形成為神豬競重比賽。這些豬隻剛開始都是由信眾豢養，後來演變成養豬戶飼養，再轉賣信眾。一般神豬飼養約需三年，四百台斤以上始具參賽資格，超過上千台斤才有獲獎機會。這些神豬經過長期下窟灌食，身軀漸趨肥大、骨骼扭曲、難以翻身。廟會活動開始前，神豬在驚恐嘶喊中被人類五花大綁、強制拖行、公開宰殺、削除內臟，嘴塞橘子或鳳梨，並加以彩繪，恭奉於神桌前，待廟會結束後由信眾分食。

賽神豬儀式原為信眾向神明表達敬天、感恩與惜福之意，但是如今卻走向非人道商業化虐殺獻祭行為。多年來，台灣動物社會研究會等動物保護團體高聲疾呼，認為宗教民俗沒有虐殺動物的權利，政府更不應該助長歪風，希望遏止這種以動物痛苦作為賭注的野蠻遊戲。二〇一九年，龍潭神豬「阿義」離別獻祭倒數計時，引發社會大眾關注與連署勸阻。當前，賽神豬有減少舉辦的跡象，有些廟宇改以米粒、麵線、米粉、水果、花藝，或是寶特瓶等再生資源，做成創意神豬，兼顧民俗文化與動物保護，但陋俗還未完全根除。

圖5.4　多年來，台灣動物社會研究會等動物保護團體高聲疾呼，希望遏止這種以動物痛苦作為賭注的野蠻遊戲。

台灣目前雖然有《動物保護法》《野生動物保育法》《畜牧法》等，法律層面保護網看似具足，實則總體法律制度上，動物仍被視為私人動產看待，僅有近年少數判例，伸張動物為獨立生命體，當動物死傷時，可請求精神慰撫金。況且，整體動物保護法制，僅規範在法律位階，動物保護效力稍顯薄弱，如與信仰自由（神豬酬神）、學術自由（動物實驗）、藝術自由（動物展演）、財產權（私人財產）、工作權（畜牧產業）等《憲法》保障價值發生衝突時，動物恐成為被犧牲對象。因此，如何在《憲法》層次保護動物法益，近年來持續受到討論與重視。

動物保護原則入憲

「動物保護原則」愈發受到國際社會實踐，動物保護原則下的動物，介於權利主體與權利客體之間。動物雖然對人類具有食物、衣著、娛樂、醫藥、實驗等經濟價值，但人類應以人道方式對待動物，體會動物生理與心理需求，在飼養、宰殺、實驗上，應減輕動物承受苦難程度。動物保護原則在法律上以人類為權利主體，透過法制護衛動物的福利，主張若沒有必要，就不應徒增動物的痛苦與死亡。非不得已運用動物，也必須降低數量、減輕痛苦。

動物保護原則入憲第一種方式是德國簡易型，其二〇〇二年六月增訂《德國基本法》（*Grundgesetz für die Bundesrepublik Deutschland*）第二十a條「國家應保護自然生態基礎『及動物（und die Tiere）』。」動物保護原則入憲第二種方式是瑞士完備型，其於條文中具體明列飼養、照顧、實驗、利用、進口、買賣、運輸、宰殺等項目。

一九七八年，聯合國教科文組織《世界動物權宣言》（*Universal Declaration of Animal Rights*），提倡動物具有生命權、自由權與免受虐待權等。二〇〇四年，世界動物衛生組織（WOAH）召開「全球動物福利會議」，並於二〇〇五年提出動物福利五大準則：

- 免於乾渴與飢餓的自由。
- 免於身心不適的自由。
- 免於疼痛、傷害與疾病的自由。
- 免於恐懼與痛苦的自由。
- 自然表現行為的自由。

二〇〇六年，國際金融公司（IFC）將動物福利作為畜牧業貸款評估準則。二〇一四年，世界貿易組織（WTO）將動物福利作為考量貿易限制其中條件。二〇一五年，聯合國公布「二〇三〇永續發展目標」（SDGs），其中良好健康與社會福利、合適工作與經濟成長、永續發展的城市與社區、保育海洋生態系、保育陸域生態等核心目標，均有賴動物保護作為。

動物保護區域合作方面，歐洲頗具示範效果。一九六八年《動物運輸保護歐洲公約》（*European Convention for the Protection of Animals during*

International Transport）、一九七六年《保護農場動物歐洲公約》（*European Convention for the Protection of Animals Kept for Farming Purposes*）、一九七九年《保護受屠宰經濟動物歐洲公約》（*European Convention for the Protection of Animals for slaughter*）、一九八八年《保護實驗動物歐洲公約》（*European Convention for the Protection of Vertebrate Animals used for Experimental and Other Scientific Purposes*）與《保護家庭動物歐洲公約》（*European Convention for the Protection of Pet Animals*），約束歐洲各國對於動物運輸與屠宰，以及農場、實驗與家庭動物作為。

一八九三年，瑞士曾公投通過禁止未經麻醉動物放血與屠宰行為，成為動物保護先行國。一九七三年瑞士、一九七六年印度、一九八八年巴西、一九九一年斯洛維尼亞、二〇〇二年德國、二〇〇七年盧森堡、二〇一三年奧地利、二〇一四年埃及、二〇二〇年俄羅斯、二〇二二年義大利等十個國家，相繼將動物保護原則寫入《憲法》，另有韓國、南非、比利時、荷蘭、芬蘭、智利等國家持續在催生。

台灣現行《憲法》並未納入動物保護原則，近年來持續有動物保護原則入憲聲浪。體制內，二〇一五年、二〇一六年、二〇二〇年與二〇二一年，皆有立法院修憲提案，尤其第十屆立法院修憲委員會一共有八項相關提案，提案人涵蓋民進黨、國民黨、民眾黨與時代力量四個政黨，可惜最後並未送院會表決。台灣未來若將動物保護原則入憲，動物就能成為《憲法》保護對象，讓具有法制上最高位階的《憲法》，約束立法權的法律制定、行政權的法規命令與行政規則訂定、司法權的行政行為與違憲審查，引領社會建立動物保護思維。

流浪犬照顧：終極關懷動物權

由中央山脈、合歡山、雪山山脈所屏障的國立暨南國際大學，坐落在埔里鎮郊區台地，校園四周主要為農村與城鎮，接壤原住民族傳統領域。校園廣達一百五十公頃，其中八八％覆蓋草原綠地，更有台灣杉、櫻花、梅花、桂花林，以及蛙類、蝴蝶等棲息。暨大得天獨厚的美麗境地，經常吸引城鎮居民、觀光旅人走訪，卻也出現狗兒遭主人棄養而淪為校園流浪犬，形成校園安全隱憂。

早期，校園流浪犬都是由學校總務處定期聯繫南投縣家畜疾病防治所捕捉，手段粗糙，也無法解決校園衛生與安全問題。該校同學後來成立「動物保護社」，協助照料校園內的流浪犬貓，培養師生尊重生命的觀念。小松、偽松、男球、Momo、大吉、旋風、蛋黃、牛奶、肉骨茶、短端、小綿羊、牛牛、小寶、波尼、卷卷、諾曼、威風、戳戳等，都是校犬。這些校犬，平日都安頓在科技學院後方山坡上，名為「咆嘯山莊」的犬舍中。

動物保護社同學固定排班，風雨無阻地進行餵食、清潔、溜狗、看診等事務；安排社課，學習訓犬、醫療、犬貓生活習性等知識；舉辦洗狗大會，幫校犬洗香香與除蟲；舉辦義賣，其中收入所得八〇％運用於校犬身上，二〇％提供校外流浪動物。若有校犬往生，社團同學不僅為狗兒助念，也舉辦最後的粉絲會告別式，讓校內師生攜帶一束花或一封信來跟校犬道別，並且埋葬立碑。該社屆屆傳承，建立校園安置、醫療照顧、結紮送養、動保教育、社區服務等人與動物共生環境。對於該社熱血的同學們而言，歡笑與溫馨時光背後，更多的是責任與使命。

人、動物與環境本為一體、命運與共，動物與人類關係愈來愈密切，經過訓練的德國牧羊犬，不僅能出勤各種軍警任務，退役後還可以扮演保母角色，顧小孩、開家門、收快遞、待客人、陪購物等，一點兒都難不倒牠。家裡有毛小孩陪伴，學校飼養校犬，對於孩童來說都是很好的生命教育。孩童與毛小孩朝日相處，在歡笑與淚水中感受生命意義，學習同理、包容與責任，並理解生命推演的每一個歷程，健康看待生老病死。毛小孩，是一位好老師，培養人們對生命的尊重與慈悲。

各國漸漸重視在《憲法》層面落實動物保護原則，只是動物未具有權利主體地位，仍有遭致任意利用與宰殺風險。友善動物的終極目標就是關懷「動物權」，動物權肯認動物是具有意識、智能、情感、尊嚴的生命主體，與人類一同棲居於大自然，都是地球生命環境體系中物種。動物世界應如同人類一般，擁有天賦的生命、身體、自由、財產等權利。人類不該無視道德良心，用一片厚實的法制圍牆，將自己與其牠動物隔離，隨意占為私產、資源，甚至制度化剝削動物來謀利。

動物權在法律上擁有人格地位，將動物視為權利主體，動物享有動物尊嚴、生命權、人格權、著作權、肖像權與繼承權等，人類不能憑藉私利而任意擺布、壓迫與犧牲動物。動物權站在尊重生命、眾生平等的制高點上，建立人類與動物平等互動架構。另一方面，動物權下的整體法律體系，勢必大幅度牽動調整，也有動物權利由誰代理？實際執行如何可能？等一連串實踐困境，導致各國目前對於在法律體系實施動物權抱持保留立場，國際社會尚未有先例，仍有待人類發揮智慧克服。

【結語】

破蛹而出的台灣新憲

台灣民主化後，憲政經過一波翻新及改革。如今，每個人都可以盡興想、高聲說、放手做，不用擔心夜半聽到特務敲門聲。人們今日面臨的威脅，或許不再是半世紀以前生命權與行為自由受到侵犯的恐懼，緊接而來的反而是生活困頓的憂慮。

年輕世代面臨高失業、低薪資，路過房仲門市，瞧見房屋標價，彷彿身處平行時空，擁有的機會正在減少。人們斜槓工作，只能勉強餬口，物價愈來愈高，薪水停滯不前，存錢相形不易，退休再三考慮。人們眼看經濟動能耗弱、階層流動減緩、貧富不均加劇、世代剝奪明顯，對政府失去信心，對夢想不敢奢求。

再被疾滾而下的巨石推一把——人工智慧進化神速，恐將取代客服人員、外送員、會計師、零售店員、導遊、計程車駕駛、房仲、演員、理財專員等，意味著一份份工作，即將從我們面前消失，衝擊一個個家庭。

我們看到台灣長年未解的重大挑戰，這些都不只是哪個政黨、哪任政府的問題，原住民族辛苦爭取傳統領域，可是在《憲法》上依然還是邊緣人；十八歲青年可以投公投票，卻不能投選舉票；勞工過勞、低薪，組成工會困難，擔心AI搶飯碗。這些擺在我們眼前的考驗，都必須回溯到《憲法》身上，重新檢視《憲法》的承諾，思量從《憲法》拓展機會。台灣需要變革，希望就在《憲法》，因為政權會更迭，而《憲法》恆久存在。

回顧人權發展，第一代人權，人民期盼政府消極地乖乖躺好，防堵政府為非作歹，避免個人受到政府權力干涉與侵犯。第二代人權，人民要求政府積極地伸出援手，實施社會福利，保障個人經濟、社會與文化生活。第三代人權，人民思考人類集體地命運共生，群體必須攜手合作，維護民族、族群、自決、自治、和平與環境等集體發展。

翻開台灣現行《中華民國憲法》本文，彷彿停駐在二戰前的時空，基本權利保障集中在平等權、自由權、公民權等第一代人權，財產權、工作權、生存權等第二代人權指涉不明，第三代人權根本缺乏。即使在本文與增修條文洋洋灑灑列了一堆涵蓋第二代與第三代人權的「基本國策」，實則範圍抽象、實現困難，政府若懶得理會，真的拿它沒輒。「基本國策」約束不到政府，人民難以請求，看得到、吃不到，充其量僅能視為國家政策願景。

台灣現行《憲法》基本權利內容單薄，脫節當代生活現實，長久以來依賴大法官解釋（今「憲法法庭」判決），或是立法途徑來補強《憲法》漏洞，實非治本之道。尤其，台灣現行《憲法》誕生與設計的奇特性，政府體制來者不拒、捻來就塞、全盤笑納，堪以重寫《憲法》的定義。台灣憲法學祖師爺李鴻禧教授，倒是很貼切地稱呼這是「龍的憲法」，更不用談曖昧不明、充滿幻覺的國家界定。整部《憲法》就像一件掩蓋虛幻的斗篷，運行起來像嚼口香糖糾結成一坨攤糊的黏膠。

一九九〇年代，台灣啟動憲政改革序曲，以一次次修憲，強化公民權利，改造政府體制，補起《憲法》破窗。隨著時間滾滾而去，《憲法》又被冷落遺忘，上一次二〇〇五年第七次修憲，王建民剛晉升美國大聯盟，林襄才學會加法與減法。那次修憲立下高門檻修憲規定，鑄成囚禁《憲法》的枷鎖；《憲法》停頓了十七年，好不容易再次迎來修憲，結局卻有點狼狽尷尬。這一次二〇二二年第八次修憲，最有共識的十八歲公民權修憲案公投都無法過關，正是雷達強烈警示：當前修憲程序是一處漏斗弧形的黑洞，任何憲政改革議題一旦靠近，不免失足滑落，被吞噬地消失無影。

《憲法》真的被冰封了，《憲法》自我打結的苦澀心酸，讓台灣現行《憲法》變成相對落後好幾光年的一部。政治工程師們對於憲政改革前景感到茫然、未知與無力，彷如不知憲政改革黎明何時到來。顯而易見，想靠修憲進行憲政改革超級困難，難度直逼徒手將巨石滾上玉山，迫使人們重新思考如何開創一條基本權利防衛機制新路。

台灣憲政改革，需要新想像與新決斷，老屋翻新階段已經過去，全面都更工程接續開啟，未來會需要的是大怪手，而非小榔頭。

面對台灣現行《憲法》的暮色龍罩，希望微光依舊在凜冽寒冬中不停閃爍。橫跨半世紀，有一群人目光遠大注視未來，把希望寄託在台灣新憲燈火處，哪怕這盞燈火微弱黯淡，依舊無損作為一盞指路明燈。他們懷抱著台灣人民擁有基本權利，組成屬於自己國家的信念，相信台灣人民可以重新締造一紙新契約，改寫台灣憲政史詩新頁。

他們憑藉大而無畏的氣概，勇氣百倍的行動，踏上台灣新憲運動旅程。縱使路途艱苦曲折，他們拒絕沉淪絕望深淵，而是堅定奮起改變局勢，深盼用汗水澆灌出「憲法時刻」。他們馬不停蹄奔忙，從二十世紀到二十一世紀，從飄洋過海到巡迴全台，忍受孤獨夜、跋涉千萬里，串聯台灣每一個人，投入台灣新憲運動行列。他們是看穿國王新衣的先行者，展現無可比擬的力量與遠見，喚醒人們朦朦朧朧的權利意識，留下一篇篇熠熠發光的台灣憲章。他們是一個又一個引領者：許世楷、黃昭堂、李鴻禧、辜寬敏等先進與團體。

那燃起的火焰還沒止息，實踐的志氣仍未澆熄，先行者投下的巨塊，已經激起層層漣漪。二〇二〇年，辜寬敏先生領銜提出台灣憲政史上首次台灣新憲公投案，如同綻放人權花朵的美麗種子，讓人們有自由自主的路可以走，改變亞細亞孤兒的境遇，可惜政府未抓緊向畫過憲政天空的流星許願。

催生台灣新憲的氣流正在匯聚，終將成為台灣變革的巨浪，推進人權與民主之舟航過萬重山。當台灣新憲破蛹而出、羽化成蝶的曼妙時刻來臨，代表台灣人民成功行使首次制憲力，意味台灣人民相互認可簽下新契約，邁向一個以人性尊嚴為根本，擁抱基本權利的正常國家。一個人民能夠實現夢想的文明國家，無論是千年傳承原住民族的子女，勇渡黑水溝開墾先民的後代，或是大江大海出走別離軍民的家庭，從東南亞國家拖著行李離鄉背井來台的新移民，還是希望成為作家、YouTuber、公務員、工程師、網站小編、電競選手、職業運動員、空服員、機師的男男女女，每個人都能實現實質平等、分配正義，過著豐富精彩的生活。

【致謝】

本書從發想、寫作到出版，歷經近三年的時間，首要感謝今周刊出版社，相信這本書在台灣社會存在的價值，尤其感謝許訓彰、陳家敏、林律涵等企畫與編輯團隊，不僅設定書籍主軸，也要處理繁重的催稿、校稿、編輯與行銷事務。

我對於台灣國家正常化議題的探索，源自於許多前輩用一生時光所開創出的軌跡，在此特別感謝李登輝、彭明敏、辜寬敏、張炎憲、吳榮義、吳樹民、李鴻禧、張燦鍙、許世楷、陳永興、陳隆志、陳傳岳、陳繼盛、蔡明憲等前輩。

因有一路悉心指導的老師，使我有機會可以成為師範大學公民教育與活動領導學系系博士候選人，深深感謝陳信傑、邱榮舉、曾冠球、林佳和等教授。在從事研究過程中，下列組織提供的獎學金給了我很大的支持與鼓勵，感謝陳文成教授紀念基金會「二〇二一年社會關懷獎學金『民主實踐獎』」、台灣教授協會「二〇二一年第一屆莊萬壽台灣精神獎」、北美洲台灣人教授協會「二〇二〇年第六屆『NATPA 廖述宗教授研究獎金』」等。

我在台灣制憲基金會服務的日子，參與、見證了第四波台灣新憲法運動，跟著辜寬敏創辦人、王美琇董事長、林宜正執行長、Hinoki桑、Bonnie、靖奇、阿宏、阿源、小艾、文成等團隊夥伴一起奮進。

在這裡有幸接觸到許多引領台灣新憲法運動的專家學者，透過腦力激盪審議過程，帶給我豐富的憲政知識與養分，特別感謝高英茂、陳師孟、陳慈陽、Awi Mona（蔡志偉）、王思為、江雅綺、何宗勳、宋承恩、李明峻、姚孟昌、洪偉勝、洪國鈞、胡博硯、張國城、張雁翔、張錕盛、陳為祥、彭睿仁、黃帝穎、黃啟豪、廖福特、鄭文龍、謝佩芬、羅承宗等專家學者。

在台灣制憲基金會主辦的無數場研討會、座談會、工作坊、論壇、演講、訪談或會議中的觀點對話，幫助拓展我的思考，感謝葉賽鶯、成令方、陳儀深、尤美女、許玉秀、李酉潭、薛化元、徐世榮、鄭麗君、王穩雅、平井新、何澄輝、余筱菁、吳啓禎、李志德、李界木、李惠仁、李惠宗、李菁琪、沈明室、沈清楷、林廷輝、林明昕、林欣曄、林彥宏、林雨蒼、林昶佐、姜皇池、姚文智、苗博雅、凌瑞坤、孫友聯、宮國威、徐偉群、高仁山、張竹芩、張淑惠、張俊龍、張烽益、張博洋、張盟宜、陳文葳、陳志誠、陳怡凱、陳亭妃、陳俊宇、陳俐甫、陳奕齊、陳麗貴、曾怡碩、曾建元、舒孝煌、黃居正、黃錫墉、楊斯棓、楊聰榮、葉大華、葉建揚、葉紘麟、詹幼君、廖宜恩、潘忠政、蔡茂寅、鄭光倫、鄭睦群、蕭長展、賴中強、賴怡忠、簡伯任、顏建發、魏百谷、蘇彥圖、蘇煥智等學術與實務先進。

這當中與年輕族群的交流，讓我更加認識世代正義、社會平權等議題，感謝丁敬桓、Wubing Akaw Skahing（周煜偉）、何欣嶼、何冠霆、吳羽庭、吳祥瑀、李坤融、李宗倫、林志鴻、林俊杰、林彥廷、林謙、張育萌、陳冠甫、陳思妤、陳柏瑜、陳柏諺、馮輝倫、黃彥誠、詹宇賢、劉品佑、劉家承、潘袁詩羽、賴君怡、謝佩玲、蘇嘉冠等青年夥伴。

公民團體間彼此互助扶持、勉勵前行，讓我備感溫暖，感謝張葉森、楊黃美幸、涂醒哲、林瑞霞、王乙恩、王昱鈞、何浩明、吳俊彥、李川信、周倪安、林欣儀、林秉豐、林芳如、林偉聯、施逸翔、洪崇晏、張人傑、張常昌、張龍橋、陳明輝、陳峻涵、陳彩仁、游毅然、董俊宏、廖佳瑜、劉志堅、潘威佑、鄧文冬、蘇芳誼等先進與夥伴。

還有許多沒有被提及的名字，但是對於此書形成貢獻心力的人士，我滿懷感激。

我依然走在夢想的道路上，這要感謝培育我的父母親，以及經常關懷我的黃氏家族、謝氏家族、俞氏家族等至親好友。感謝我的妻子，她有著非凡的智慧與氣質，有緣與她相伴，是我此生最幸運的事。

最後要感謝這片滋養我們台灣人民的土地，以及孕育萬物的地球，願平安永續、共生共好。

2. 李娉婷。〈「動保入憲」能幹嘛？法律系教授說分明〉。動物友善網，2020年3月9日。https://animal-friendly.co/2020/03/09/constitutional-protection-for-animals/（2021年6月24日）。
3. 房曼琪。〈法律應賦予動物「人格地位」〉。關懷生命協會，2001年1月1日。https://www.lca.org.tw/column/node/1002（2021年6月27日）。
4. 林明鏘。《臺灣動物法》。第2版。台北市：新學林出版股份有限公司，2020。
5. 何宗勳。姚孟昌主持。〈憲法未來派第6集：催生動物保護新憲法〉。台灣制憲基金會，2020年6月5日播出。https://www.youtube.com/watch?v=il82tyDwEko（2021年6月28日）。
6. 國立暨南國際大學。〈美麗暨大〉。https://www.gazette.ncnu.edu.tw/about_ncnu（2021年6月23日）。
7. 國立暨南國際大學動物保護社。https://www.facebook.com/ncnuapc/?locale=zh_TW（2021年6月23日）。
8. 楊樹煌。〈暨大同學輪流陪18隻校狗散步洗澡　遇狗往生辦公祭告別式〉。中時新聞網，2019年6月6日。https://www.chinatimes.com/realtimenews/20190606003869-260405?chdtv（2021年6月23日）。

1996。
8. 謝棟樑。《看希臘人打造奧運》。台北市：聯合文學出版社有限公司，2004。

第三章　有圖沒真相

1. 丁哲雲（정철운）。《拉下前總統、破解假新聞、拒當讀稿機：孫石熙的脈絡新聞學》（손석희 저널리즘）。邱麟翔譯。台北市：時報文化出版企業股份有限公司，2020。
2. 林子儀。《言論自由與新聞自由》。台北市：春山出版有限公司，2021。
3. 曼佛雷德・泰森（Manfred Theisen）。《向下扎根！德國教育的公民思辨課7—「過濾氣泡、假新聞與說謊媒體——我們如何避免被操弄？」：有自覺使用媒體的第一步》（Nachgefragt: Medienkompetenz in Zeiten von Fake News: Basiswissen zum Mitreden）。王榮輝譯。台北市：麥田出版，2019。
4. 劉致昕。《真相製造：從聖戰士媽媽、極權政府、網軍教練、境外勢力、打假部隊、內容農場主人到政府小編》。台北市：春山出版有限公司，2021。

第四章　毛小孩，好老師

1. 全國宗教資訊網。〈賽神豬〉。https://religion.moi.gov.tw/Goods/Content?ci=3&cid=1&id=16#（2021年6月27日）。

譯。新北市：台灣商務印書館股份有限公司，2020。

第二章　二〇五六奧運在台北

1. 安德魯・辛巴里斯（Andrew Zimbalist）。《奧運的詛咒：奧運、世足等大型運動賽會背後的經濟豪賭》（*Circus Maximus:The Economic Gamble behind Hosting the Olympics and the World Cup*）。梁文傑譯。第2版。新北市：八旗文化，2020。
2. 吳經國、曾意芳。《奧運場外的競技——吳經國的五環誓約》。台北市：天下遠見出版有限公司，2001。
3. 林瑛琪。《日治時期台灣體壇與奧運》。台北市：五南圖書出版股份有限公司，2014。
4. 胡世澤。〈體育系王冠閎200公尺蝶式游破全國紀錄　創近年臺灣游泳選手奧運最佳成績〉。師大新聞，2021年7月27日。https://pr.ntnu.edu.tw/ntnunews/index.php?mode=data&id=20196（2021年9月21日）。
5. 國際奧林匹克委員會。《OLYMPIC CHARTER奧林匹克憲章》。2019年9月。https://drive.google.com/file/d/1p83Wgk43_fb1Jtjjt7vxRedDJxMkZkR3/view（2023年5月4日）。
6. 陳耀祥。〈論運動與憲法——德國運動概念入憲倡議之啟示〉。《全國律師》第22卷第12期（2018年12月）：頁5-15。
7. 黃承富。《奧運100年》。台北市：麥田出版股份有限公司，司，2017。
3. 康原。《滾動的移工詩情》。新北市：遠景出版事業有限公司，2018。
4. 陳又津等。《說　他們的故事　讓我們改變——移工、新住民與台灣律師　生命交會的絢爛花火》。台北市：財團法人法律扶助基金會，2016。
5. 劉士豪。〈保護所有移工及其家庭成員權利國際公約國內法化研究〉。勞動部，委託研究報告，2014。
6. 劉黃麗娟。〈外籍勞工人權之保障〉。行政院勞工委員會職業訓練局，委託研究報告，2012。

Part 5 教育、休閒與憲法

第一章　鳥兒、蜜蜂與蝴蝶同在的世界

1. 天下編輯。《環境台灣》。台北市：天下雜誌股份有限公司，1996。
2. 李界木。《起造台灣政府芻議》。台北市：前衛出版社，2021。
3. 徐昌錦。〈環境權入憲初探〉。《日新法律半年刊》第5期（2005年9月）：頁24-33。
4. 莉姿・歐樹（Lizzie O'Shea）。《數位時代的人權思辨：回溯歷史關鍵，探尋人類與未來科技發展之道》（*Future Histories：What Ada Lovelace, Tom Paine, and the Paris Commune Can Teach Us About Digital Technology*）。韓翔中

SRUMQ5NVAPQ/（2021年12月28日）。
3. 張金鶚。《居住正義：你我都能實踐的理想》。台北市：天下雜誌股份有限公司，2016。
4. 陳冠瑋。〈憲法上居住權之建構與實現——以司法審查為核心〉。台灣大學法律學系碩士論文，2016。
5. 賴中強。《台灣公民陣線2020政綱》。台北市：社團法人經濟民主連合，2020。
6. 羅惠珍。《巴黎不出售：人人有房住、生活低負擔的法國好宅新思維》。台北市：尖端出版，2015。

第三章　遊子投票，不用返鄉

1. 林政緯。《不在籍投票制度：臺灣的可行性及評析》。台北市：五南圖書出版股份有限公司，2015。
2. 高永光、劉佩怡。〈不在籍投票制度之研究〉。國立政治大學，內政部委託研究報告，2004。
3. 陳朝建。〈我國實施不在籍投票的影響因素與挑戰——不在籍投票的政策可行性分析〉。《中國地方自治》第63卷第7期（2010年2月）：頁4-17。

第四章　他鄉日久成故鄉

1. 王瑱鴻。〈外籍移工勞動權益之研究〉。國立中正大學勞工關係學系，碩士論文，2021。
2. 林立青。《做工的人》。台北市：寶瓶文化事業股份有限公收藏熱〉。中央社，2021年3月12日。https://www.cna.com.tw/news/firstnews/202103120043.aspx（2021年10月24日）。
2. 陳慈陽。《憲法學》。第3版。台北市：元照出版有限公司，2016。

Part 4 居住、遷移與憲法

第一章 小明歷險記

1. 李鴻禧。《李鴻禧憲法教室》。台北市：元照出版有限公司，1999。
2. 林昀。〈國籍與公民身分——以國際人權基礎為中心〉。國立清華大學科技法律研究所，碩士論文，2020。
3. 胡維麟。〈雙重國籍人民權利義務之探討〉。天主教輔仁大學法律研究所，碩士論文，2020。
4. 陳慈陽。《憲法學》。第3版。台北市：元照出版有限公司，2016。

第二章 台北好出租

1. 林佩萱。〈年輕人為何買不起房　20年收入增1倍房價漲3倍〉。蘋果新聞網，2021年7月10日。https://today.line.me/tw/v2/article/Ja3xrx（2021年12月28日）。
2. 施智齡。〈難怪民眾買不起！基本工資20年只多51%房價卻已漲240%〉。蘋果新聞網，2021年10月16日。https://tw.appledaily.com/property/20211016/IIASPGM2Y5EVVBQ

三采文化股份有限公司，2022。
6. 莉姿・歐樹（Lizzie O'Shea）。《數位時代的人權思辨：回溯歷史關鍵，探尋人類與未來科技發展之道》（*Future Histories*：*What Ada Lovelace, Tom Paine, and the Paris Commune Can Teach Us About Digital Technology*）。韓翔中譯。新北市：臺灣商務印書館股份有限公司，2020。

第三章　筆墨的力量

1. 李鴻禧。《李鴻禧憲法教室》。台北市：元照出版有限公司，1999。
2. 張嘉尹。《憲法學的新視野（三）——基本權利》。台北市：五南圖書出版股份有限公司，2022。
3. 許育典。《人權、民主與法治：當人民遇到憲法》。第6版。台北市：元照出版有限公司，2022。
4. 陳慈陽。《憲法學》。第3版。台北市：元照出版有限公司，2016。
5. 琳達・柯利（Linda Colley）。《槍炮、船艦與筆墨：戰爭及憲法所催生的現代世界》（*The Gun, the Ship, and the Pen: Warfare, Constitutions, and the Making of the Modern World*）。陳信宏譯。新北市：衛城出版，2023。

第四章　刻在區塊鏈上的唯一

1. 周世惠。〈Beeple苦畫14年爆紅　作品拍賣19億元引加密

2. 陳慈陽。《憲法學》。第3版。台北市：元照出版有限公司，2016。
3. 蔡宗珍。〈資訊科技時代之人格整全性的憲法保障〉。行政院國家科學委員會，研究成果報告，2012。

第二章　被濫採的網路原油礦場

1. Association for Progressive Communications. “APC Internet Rights Charter.” Last modified April 21, 2020.Accessed April 10, 2022. https://www.apc.org/en/pubs/about-apc/apc-internet-rights-charter.
2. Maksim Burianov. “Here’s why we need a Declaration of Global Digital Human Rights.” World Economic Forum.Last modified August 7, 2020.Accessed April 28, 2022.https://www.weforum.org/agenda/2020/08/here-s-why-we-need-a-declaration-of-global-digital-human-rights/.
3. Rosamond Hutt. “What are your digital rights?.” World Economic Forum.Last modified November 13, 2015.Accessed April 12, 2022.https://www.weforum.org/agenda/2015/11/what-are-your-digital-rights-explainer/.
4. 江雅綺。《下一波數位浪潮來襲：創新與挑戰》。台北市：財團法人台灣金融研訓院，2019。
5. 李丞桓。《元宇宙：全面即懂metaverse的第一本書》（Metaverse Begins：인간×공간×시간의 혁명）。台北市：

3570（2021年8月25日）。

第四章　女婚女嫁、男婚男嫁

1. Deborah T. Meem, Michelle A. Gibson, Jonathan F. Alexander。《發現女同性戀、男同性戀、雙性戀與跨性別》（*Finding out：An Introduction to LGBT Studies*）。葉宗顯、黃元鵬譯。台北市：韋伯文化國際出版有限公司，2012。
2. 林實芳。〈百年對對，只恨看不見：台灣法律夾縫下的女女親密關係〉。台灣大學法律學系碩士論文，2008。
3. 張宜君。〈同婚之後會怎樣？國際統計數據分析〉。戴伯芬主編。《性別作為動詞：巷仔口社會學2——性別如何形塑，又如何在行動中翻轉？》。新北市：大家出版，2017。
4. 盧旦雨靖。〈同性婚姻之憲法保障——以台灣與美國發展路徑分析為核心〉。天主教輔仁大學法律研究所碩士論文，2022。
5. 顏正芳、徐志雲。〈美國精神醫學會在1973年將同性戀去病化的來龍去脈〉。LGBT議題科學研究文摘，2017年3月2日。http://lgbtsciencedigest.blogspot.com/2017/03/1973.html（2022年8月27日）。

Part 3　生活品味與憲法

第一章　人的第二生命

1. 王澤鑑。《人格權法》。新北市：作者自印，2012。

限公司，2006。

第三章　全民基本收入：人工智慧時代的社會疫苗

1. 安妮・勞瑞（Annie Lowrey）。《無條件基本收入》（*Give People Money*）。許景理、簡秀如、邱琬珺譯。台北市：商周出版，2018。
2. 行政院勞工委員會編印。《國際勞工公約》。台北市：行政院勞工委員會，2010。
3. 李鴻禧。《李鴻禧憲法教室》。台北市：元照出版有限公司，1999。
4. 陳慈陽。《憲法學》。第3版。台北市：元照出版有限公司，2016。
5. 楊安澤（Andrew Yang）。《為一般人而戰》（*The War on Normal People*）。林添貴譯。台北市：遠流出版事業股份有限公司，2019。
6. 蓋伊・史坦丁（Guy Standing）。《寫給每個人的基本收入讀本：從基本收入出發，反思個人工作與生活的意義，以及如何讓社會邁向擁有實質正義、自由與安全感的未來》（*Basic Income: And How We Can Make It Happen*）。陳儀譯。台北市：臉譜出版，2018。
7. 盧太城。〈疫情下庶民經濟／90歲脫線拚當直播主　分享人生兼顧牧場收入〉。中央通訊社，2021年7月3日。https://www.cna.com.tw/news/ahel/202107030027.aspx?topic=

3. 林思婷。〈我國健康權之實現——以印度與南非之案例為借鏡〉。台灣大學法律學系碩士論文，2021。
4. 張孟仁、洪德欽。〈義大利食品安全體系與食安警察建制〉。《全球政治評論》第55期（2016年）：頁51-84。
5. 黃帝穎。〈食品安全與人權保障〉。《人權時論》第12期（2014年1月）：頁38-39。

第二章　勞動合作社，自己當老闆

1. 行政院勞工委員會編印。《國際勞工公約》。台北市：行政院勞工委員會，2010。
2. 李步雲等。《憲法比較研究》。台北市：韋伯文化國際出版有限公司，2004。
3. 洪敬舒、張烽益。《勞動僱用資本：以經濟民主翻轉資本主義之路》。台北市：台灣勞工陣線協會，2021。
4. 陳慈陽等。《憲法知多少——新時代．新思維》。台北市：元照出版有限公司，2008。
5. 楊芳苓。〈零工經濟勞動者保障機制之探討——以食品外送平台工作者為例〉。立法院法制局，專題研究報告，2021。
6. 楊鵑如。〈《燦爛時光會客室》第345集：運送美食的那雙手：談外送員勞動權〉。公民行動影音紀錄資料庫，2021年12月26日。https://www.civilmedia.tw/archives/107800（2022年3月20日）。
7. 葉俊榮等。《憲改方向盤》。台北市：五南圖書出版股份有

第三章　我是兒童，兒童有權！

1. 施慧玲、陳竹上等。《兒童權利公約》。台北市：財團法人台灣新世紀文教基金會，2016。

第四章　公民權，十八限？

1. 林彥廷。〈【十八歲公民權】還要再等多少年？〉。臺灣青年民主協會TYAD，2020年5月20日。https://medium.com/youth-viewpoint/18歲公民權－還要再等多少年-ac9cbe7242d4（2022年8月5日）。
2. 林曉雲。〈4學者研究台灣大學生民主素養　登上國際期刊〉。自由時報，2021年7月17日。https://news.ltn.com.tw/news/life/breakingnews/3607212（2022年8月4日）。
3. 顏厥安。〈顏厥安觀點：十八歲投票權不需要修憲〉。新新聞，2022年2月8日。https://new7.storm.mg/article/4184029（2022年8月16日）。

Part 2 飲食男女與憲法

第一章　食品安全，健康安心

1. 行政院勞工委員會編印。《國際勞工公約》。台北市：行政院勞工委員會，2010。
2. 吳宗熹、林旭陽、劉芳銘。〈淺談歐盟食安治理的與眾不同〉。《食品藥物研究年報》第12期（2005年12月）：頁438-446。

民族主權與國家主權》。花蓮縣：台灣原住民族研究學會，2012。
7. 雅柏甦詠・博伊哲努（Yapasuyongu Poiconu）。〈台灣原住民族主權的虛相與實相〉。施正鋒主編。《原住民族主權與國家主權》。花蓮縣：台灣原住民族研究學會，2012。
8. 詹素娟。《典藏台灣史（二）台灣原住民史》。台北市：玉山社出版事業股份有限公司，2019。
9. 鄭川如。〈高山族原住民族的主權——從國際法角度談起〉。施正鋒主編。《原住民族主權與國家主權》。花蓮縣：台灣原住民族研究學會，2012。

第二章　性別平權，不能再等待

1. Netflix。《人選之人—造浪者》。2023年4月28日。
2. 財團法人婦女權益促進發展基金會。《台灣婦女權益報告書（全集）》。台北市：財團法人婦女權益促進發展基金會，2003。
3. 歐陽正、黃淳鈺、呂秉翰、傅美惠。《現代社會與婦女權益》。新北市：國立空中大學，2015。
4. 黎淑慧。《法律與生活：從婦女權益談起》。台北市：新文京開發出版股份有限公司，2006。
5. 簡文吟。〈臺灣婦女權益調查及政策建議〉。聯合行銷研究股份有限公司，行政院國家發展委員會委託研究報告，2014。

【參考文獻】

Part 1 自我發展與憲法

第一章 快樂山，快樂嗎？

1. Awi Mona（蔡志偉）。〈從客體到主體：臺灣原住民族法制與權利的發展〉。《臺大法學論叢》第40卷特刊（2011年10月）：頁1499-1550。
2. Sudu Tada主編。《台灣原住民族智慧語錄》。台北市：使徒出版社有限公司，2021。
3. 毛榮富。〈平埔族群的主權〉。施正鋒主編。《原住民族主權與國家主權》。花蓮縣：台灣原住民族研究學會，2012。
4. 行政院原住民族委員會。〈聯合國原住民族權利宣言〉。王雅萍、曾興中譯。2007年11月5日。https://www.cip.gov.tw/zh-tw/news/data-list/865E99765D714714/0C3331F0EBD318C2600DB1785159A3BE-info.html（2022年9月17日）。
5. 吳豪人。《「野蠻」的復權：臺灣原住民族的轉型正義與現代法秩序的自我救贖》。台北市：春山出版有限公司，2019。
6. 施正鋒。〈原住民族主權與國家主權〉。施正鋒主編。《原住

Future 016

提著菜籃聊憲法

原住民、移工、同婚、流浪犬、區塊鏈……20件你必須了解的基本人權大小事

作　　者　黃崇祐
總 編 輯　許訓彰
責任編輯　陳家敏
封面設計　職日設計
插畫繪製　職日設計
內文排版　藍天圖物宣字社
校　　對　李志威、許訓彰、黃崇祐

行銷經理　胡弘一
企畫主任　朱安棋
行銷企畫　林律涵、林苡蓁
印　　務　詹夏深

發 行 人　梁永煌
社　　長　謝春滿

出 版 者　今周刊出版社股份有限公司
地　　址　台北市中山區南京東路一段96號8樓
電　　話　886-2-2581-6196
傳　　真　886-2-2531-6438
讀者專線　886-2-2581-6196轉1
劃撥帳號　19865054
戶　　名　今周刊出版社股份有限公司
網　　址　http://www.businesstoday.com.tw

總 經 銷　大和書報股份有限公司
製版印刷　緯峰印刷股份有限公司
初版一刷　2023年9月
定　　價　360元

國家圖書館出版品預行編目（CIP）資料

提著菜籃聊憲法：移工、同婚、流浪犬、區塊鏈……20件你必須了解的基本人權大小事／黃崇祐著. -- 初版. -- 臺北市：今周刊出版社股份有限公司, 2023.09
面；　公分. --（Future；17）
ISBN 978-626-7266-26-7（平裝）
1. CST：法律教育　2. CST：憲法

580.3　　112008614